Anna Buthke

Klassische Tradition und realistischer Geist

Liebe und Eigenliebe im Werk Stendhals

Diplomica Verlag GmbH

Buthke, Anna: Klassische Tradition und realistischer Geist: Liebe und Eigenliebe im Werk Stendhals. Hamburg, Diplomica Verlag GmbH 2013

Buch-ISBN: 978-3-8428-9466-2
PDF-eBook-ISBN: 978-3-8428-4466-7
Druck/Herstellung: Diplomica® Verlag GmbH, Hamburg, 2013

Bibliografische Information der Deutschen Nationalbibliothek:
Die Deutsche Nationalbibliothek verzeichnet diese Publikation in der Deutschen Nationalbibliografie; detaillierte bibliografische Daten sind im Internet über http://dnb.d-nb.de abrufbar.

Das Werk einschließlich aller seiner Teile ist urheberrechtlich geschützt. Jede Verwertung außerhalb der Grenzen des Urheberrechtsgesetzes ist ohne Zustimmung des Verlages unzulässig und strafbar. Dies gilt insbesondere für Vervielfältigungen, Übersetzungen, Mikroverfilmungen und die Einspeicherung und Bearbeitung in elektronischen Systemen.

Die Wiedergabe von Gebrauchsnamen, Handelsnamen, Warenbezeichnungen usw. in diesem Werk berechtigt auch ohne besondere Kennzeichnung nicht zu der Annahme, dass solche Namen im Sinne der Warenzeichen- und Markenschutz-Gesetzgebung als frei zu betrachten wären und daher von jedermann benutzt werden dürften.

Die Informationen in diesem Werk wurden mit Sorgfalt erarbeitet. Dennoch können Fehler nicht vollständig ausgeschlossen werden und die Diplomica Verlag GmbH, die Autoren oder Übersetzer übernehmen keine juristische Verantwortung oder irgendeine Haftung für evtl. verbliebene fehlerhafte Angaben und deren Folgen.

Alle Rechte vorbehalten

© Diplomica Verlag GmbH
Hermannstal 119k, 22119 Hamburg
http://www.diplomica-verlag.de, Hamburg 2013
Printed in Germany

Inhaltsverzeichnis

1 Einleitung 1
2 Klassische Tradition und realistischer Geist 6
   2.1 Racine und Stendhal 6
      2.1.1 Stendhals *Racine et Shakespeare* 6
      2.1.2 Racine als „Dichter der Leidenschaften" 7
      2.1.3 Vergleich der Leidenschaften bei Racine und Stendhal 9
   2.2 Mme de Lafayette und Stendhal: Die Liebessemantik in *La Princesse de Clèves* 12
   2.3 Stendhal und die französischen Moralisten 18
      2.3.1 La Rochefoucauld 19
      2.3.2 La Bruyère und Vauvenargues 24
   2.4 Helvétius als sensualistisches Vorbild 27
   2.5 Der Stendhalsche Realismus: Die Spiegelmetapher 31
   2.6 Stendhals Liebesauffassung in *De l'Amour* 34
      2.6.1 Die vier verschiedenen Arten der Liebe 34
      2.6.2 Die sieben Entstehungsphasen der Liebe 38
      2.6.3 Stendhals Theorie der *cristallisation* 41
3 Liebe und Eigenliebe im Werk Stendhals 44
   3.1 *Armance* 44
      3.1.1 Die Ohnmacht Octave de Maliverts 44
      3.1.2 Armance de Zohiloff – Ausdruck einer *noblesse d'âme* 55
      3.1.3 Die *cristallisation* der Hauptfiguren 58
   3.2 *Le Rouge et le Noir* 63
      3.2.1 Ein Stück Zeitgeschichte 63
      3.2.2 Die Erscheinungsformen der Liebe – *amour-passion* vs. *amour-propre* 64
          3.2.2.1 Der Protagonist Julien Sorel 64
          3.2.2.2 Die Frauenfiguren Mme de Rênal und Mathilde de La Mole ... 74
      3.2.3 Die *cristallisation* der Paare 78
   3.3 *Lucien Leuwen* 86
      3.3.1 Lucien – Selbstentfremdung im Zeitalter der Bürgermonarchie ... 86
      3.3.2 Die *cristallisation* Luciens und Mme de Chastellers 91
4 Schlussbemerkung 98
5 Literaturverzeichnis 102

1 Einleitung

Im Zentrum der vorliegenden Studie steht die Darstellung der Liebe und Eigenliebe in Stendhals Erstlingswerk *Armance*, seinem Hauptwerk *Le Rouge et le Noir* und dem postum erschienenen Roman *Lucien Leuwen*. Schon seit dem Mittelalter ist die Liebe Thema der Literatur, und ihre vielfältigen Erscheinungsformen befinden sich seitdem in einem stetigen Wandel. Die für die vorliegende Studie relevante Liebessemantik beginnt sich im 17. Jahrhundert herauszubilden und zeichnet sich durch eine Abkehr von der antiken Auffassung der Leidenschaften als einem krankhaften Zustand der Seele ab.[1] An die Stelle der Leidenschaften als das Leidentliche und Passive tritt nun die Aktivität der *passions*, welche „die großen menschlichen Begierden" bezeichnen, an denen das Eigentümliche die deutliche Neigung ist, „sie als tragisch, heroisch, erhaben und bewunderungswürdig anzusehen".[2] Sie drücken also ein heftiges und leidenschaftliches Gefühl der Liebe aus und grenzen sich dadurch gegenüber dem *sentiment*, das heißt „dem natürlichen, nicht mit Begierde verbundenen väterlichen Empfinden", ab.[3]

Einer der ersten Dichter, bei dem die irdische Begierde „zum Range eines selbständigen, prinzipiellen und autonomen Seeleninhalts […] aufgestiegen" ist und droht, „an die Stelle des Christentums und überhaupt jeder frommen Demut eine Art Metaphysik der Leidenschaften zu setzen"[4], ist Racine. Stendhal bewundert diesen Hauptvertreter der französischen Klassik als Poeten der Liebe und Leidenschaft: „Comme il a bien peint le délire des passions !"[5]. Er fährt fort zu behaupten, dass die Darstellung der Liebesleidenschaft bei Racine näher studiert werden müsse, die Darstellung von leidenschaftlichen Szenen im Allgemeinen und von Eifersuchtsszenen im Besonderen.[6] An diesen Punkt soll in der vorliegenden Untersuchung angeknüpft werden, um aufzuzeigen, inwieweit sich Stendhal hinsichtlich seiner Liebesauffassung an dem „Dichter der Leidenschaften"[7] orientiert hat. Ferner sollen die Leidenschaften bei beiden Autoren im Vergleich betrachtet werden, um Parallelen in deren Bedeutung und Funktion hervorzuheben.

Neben Racine haben sich noch viele andere klassische Autoren mit dem Menschen als einem leidenschaftlichen Wesen beschäftigt, unter anderem auch Mme de Lafayette und

---

[1] Andrea Wendt-Adelhoefer: *Stendhal und die Klassik*, Frankfurt am Main, 1995, S. 66. Im Folgenden verweisen die Zahlen auf die Seitenzahlen des entsprechenden Werkes.
[2] Erich Auerbach: *Passio als Leidenschaft*, in: Erich Auerbach: *Gesammelte Aufsätze zur romanischen Philologie*, Bern 1967, 173.
[3] Auerbach (1967), 173.
[4] Auerbach (1967), 199.
[5] Stendhal: *Oeuvres intimes I*, 320, zitiert nach: Wendt-Adelhoefer (1995), 68.
[6] Stendhal: *Pensées I*, 80, zitiert nach: Wendt-Adelhoefer (1995), 68.
[7] Wendt-Adelhoefer (1995), 65.

La Rochefoucauld. Erstere ist im Kontext dieser Studie zum einen wegen des exemplarischen Charakters ihres Romans *La Princesse de Clèves* von Bedeutung, denn dieser betont laut Erich Köhler den „langsam einsetzenden Wandel in der Entwicklung der Liebesauffassung, die letztlich in die Romantik mündet"[8]. Zum anderen verdient ihr Werk einige Aufmerksamkeit, da Stendhal in einer Eigenanalyse seines Romans *Armance* erklärt, er habe seinen Roman ausschließlich in der Tradition der Charakterstudien à la *La Princesse de Clèves* von Mme de Lafayette geschrieben.[9] Dies legt die Überlegung nahe, Stendhals literarisches Schaffen im Hinblick auf Einflüsse seitens dieser Schriftstellerin hin zu untersuchen und wird daher im Hauptteil mit in die Analyse des Erstlingsromans einfließen. Im ersten Teil der vorliegenden Studie soll aber zunächst eine kurze Darstellung der Liebessemantik der *Princesse de Clèves* gegeben werden.

Nicht nur der Rekurs auf Mme de Lafayettes psychologischen Roman, mit dem sie 1678 das erste Werk dieser Gattung schafft, sondern auch sein Interesse für die Französischen Moralphilosophen des 17. und 18. Jahrhunderts lassen Stendhals Interesse an den psychologischen Prozessen des Menschen deutlich werden. Ganz nach moralistischer Tradition stehen bei ihm nicht die Erscheinung und das Auftreten des Menschen im Mittelpunkt, sondern dessen Empfindung und Wille. Wie Hugo Friedrich erklärt,

> zerlegt sich ihm dieses innere Wesen in eine Anzahl von Einheiten, „passions" (Affekte) genannt, die je nach ihrer Dosierung den Charakter eines einzelnen bestimmen: Liebe, Hass, Stolz, Rachsucht, Eitelkeit, usw. Diese Affekte werden beschrieben und bis zur reinsten Definition geklärt, sie werden ferner, in den Sonderfällen ihres Auftretens bei den einzelnen, nach ihren Ursachen hin ergründet und damit dem psychologischen Kausalitätsgesetz unterworfen.[10]

Ins Zentrum der Erklärung seelischen Lebens stellt Stendhal das Motiv der Selbsterhaltung, welche er „le désir du bonheur" nennt, und er beschäftigt sich vor allem mit dessen taktischen Mitteln sowie mit ihren Verkleidungsformen.[11] Er geht also davon aus, dass das sittliche Verhalten des Menschen oftmals nichts anderes ist als Schauspielerei, welche dazu dient, den menschlichen Geltungsdrang zu befriedigen.[12] Hier wird seine Nähe zu dem bereits oben angesprochenen La Rochefoucauld deutlich, welcher im Kreise anderer Moralisten, die sich im 17. Jahrhundert um ihn bilden, dem von Corneille verherrlichten Ehrgefühl seinen Heiligenschein nimmt, um an dessen Stelle die eitlen,

---

[8] Margot Schneider: *„Amour-passion" in der Literatur des 17. Jahrhunderts, insbesondere im Werk Mme de Lafayettes*, Frankfurt am Main 1983, 4.
[9] Uwe Dethloff: *Französischer Realismus. Sammlung Metzler*, Stuttgart 1997, 87.
[10] Hugo Friedrich: *Drei Klassiker des französischen Romans. Stendhal, Balzac, Flaubert*, Frankfurt am Main 1980, 37.
[11] Friedrich (1980), 37.
[12] Friedrich (1980), 38.

ehrgeizigen Bestrebungen des *amour-propre* zu setzen.[13] Der Grundgedanke der La Rochefoucauldschen Seelenanalyse liegt darin, dass der Mensch in seinem Sein und Handeln vornehmlich von der Eigenliebe bestimmt werde und nicht, wie er glaubt, aus freiem Willen über sich selbst handele. Er beschreibt die Tugenden als meist nur verkappte Laster[14] und geht somit davon aus, der Mensch sei nicht der, welcher er vorgibt zu sein, sondern er handele stets tugendhaft zum Zwecke der Selbsterhaltung und nicht aufgrund seiner sittlichen Überzeugung. Dies ist auch der Grund dafür, warum die Maximen La Rochefoucaulds als eine Demaskierung der Tugenden angesehen werden.[15]

In seinem Hauptwerk *Réflexions ou Sentences et Maximes morales*, welches 1665 erscheint, stellt La Rochefoucauld Aphorismen auf, die in prägnanter Form das Wesen des Menschen und sein Verhalten in der Gesellschaft erfassen. Daraus stellt er ein „portrait du coeur de l'homme" zusammen, in dem er den angepassten „honnête homme" der höfischen Gesellschaft darstellt.[16] Die durch die Maximen entfalteten Gedanken stehen im Kontext der zu behandelnden Romane, weil auch die Figuren Stendhals zu großen Teilen von ihrer Eigenliebe zu bestimmten Handlungsweisen angetrieben werden. Es wird also zunächst zu klären sein, worin die Maximen La Rochefoucaulds genau bestehen, um dann im Hauptteil der vorliegenden Untersuchung thematische Übereinstimmungen zwischen ihm und Stendhal darlegen zu können.

In die moralistische Tradition Stendhals und somit auch in den Blickpunkt der vorliegenden Untersuchung fallen noch zwei weitere Philosophen, nämlich La Bruyère und Vauvenargues. Wo Ersterer sich in seinem Werk „*Les Caractères de Théophraste, traduits du grec, avec les Caractères ou les Moeurs de ce siècle*" (1688) mit bestimmten Charakterporträts beschäftigt und somit Ähnlichkeiten zu Stendhals Charakterstudien aufweist, entwirft Letzterer in seinen *Reflexions et Maximes* (1746) „einen Energie- und ›action‹-Kult"[17], wovon sich auch Züge bei Stendhal finden.

Neben der Moralistik stützt Stendhal sein psychologisches Erkenntnisverfahren auf die Lehre des Sensualismus. Dieser führt jegliche Erkenntnisse auf die Sinneswahrnehmung zurück und steht somit im Gegensatz zu Stendhals gefühlsbetonter Seite. Ein großes

---

[13] Schneider (1983), 114.
[14] Fritz Schalk: *Die französischen Moralisten. La Rochefoucauld, Vauvenargues, Montesquieu, Chamfort*, Bremen 1980, 35.
[15] Dieter Steland: *Moralistik und Erzählkunst. Von La Rochefoucauld und Mme de Lafayette bis Marivaux*, München 1985, 18.
[16] Jürgen Grimm (Hrsg.): *Französische Literaturgeschichte*, Stuttgart 1999, 169.
[17] Grimm (1999), 225.

Interesse des Romanciers gilt dem sensualistischen Philosophen Helvétius, welchem daher auch im Kontext dieser Studie eine gewisse Aufmerksamkeit geschenkt werden soll.

Stendhal lag trotz der Weiterführung zahlreicher literarischer Traditionen schon früh viel an der Schulung zur Erkenntnis des Tatsächlichen, welches aus der Korrespondenz mit seiner Schwester hervorgeht.[18] Man kann also durchaus behaupten, dass das Erbe älterer Philosophen Stendhal zu jenem Tatsachensinn verholfen hat, welcher der eigenen Zeit kritisch gegenüber steht. Hugo Friedrich behauptet zu Recht:

> So löst sich die Fremdartigkeit seiner geistigen Erscheinung auf, wenn man sie begreift als eine Fortsetzung des 18. Jahrhunderts und zugleich als eine von der Romantik wenig berührte Verlautung jenes Wirklichkeitssinnes, der dem Julikönigtum und späterhin dem Zweiten Kaiserreich die Selbstkritik ermöglichte.[19]

Auch die Untertitel seiner beiden ersten Romane *Quelques scènes d'un salon de Paris en 1827* und *Chronique de 1830* belegen Stendhals Wahrheits-Topos und seine Absicht authentische Sittenbilder der Gegenwart zu konzipieren.[20] Worin der Stendhalsche Realismus genau besteht, und wie dieser in seinen Werken deutlich hervortritt, wird ein weiterer Aspekt der vorliegenden Untersuchung sein.

Da der Schwerpunkt dieser Studie auf den Leitideen der Stendhalschen Liebesauffassung liegt, ist ein letzter wichtiger Schritt des ersten Teils die Betrachtung der vom Autor selbst veröffentlichten Studie *De l'Amour*. Ganz im Sinne des klassischen Verfahrens analysiert und klassifiziert Stendhal auf der Grundlage von sozialen und literarischen Erfahrungen und Beobachtungen sehr detailliert das Phänomen der Liebe.[21] Er unterscheidet zwischen vier verschiedenen Formen der Liebe: dem *amour-physique*, dem *amour-goût*, dem *amour de vanité* und dem *amour-passion*, wobei er Letzterem besondere Bedeutung beimisst. Dieser entsteht laut Stendhal anhand des Prozesses der *cristallisation*, welche als eine geistige Tätigkeit der Liebenden beschrieben werden kann: „Ce que j'appelle cristallisation, c'est l'opération de l'esprit."[22] Nachdem er die sieben Phasen der *cristallisation* beschrieben und den Akzent deutlich auf die Entstehung der Liebe gesetzt hat, hebt er zudem den innovativen Charakter dieser Liebesgeburt für das 19. Jahrhundert hervor: „Ce qui fait le succès croissant des romans, ce qui

---

[18] Friedrich (1980), 35.
[19] Friedrich (1980), 36.
[20] Dethloff (1997), 81.
[21] Merete Gerlach-Nielsen: *Stendhal- Théoricien et Romancier de l'Amour*, Kopenhagen 1965, 7.
[22] Stendhal: *De l'Amour*, Garnier- Flammarion, Paris 1965, 35. Im Folgenden werden die Angaben aus diesem Werk unter der Abkürzung AM und der entsprechenden Seitenzahl direkt im Text vorgenommen.

fera le caractère de notre siècle chez la postérité, c'est que la passion de l'amour naît sous nos yeux."[23]

Der Hauptteil der vorliegenden Studie besteht nun in einer Analyse der Liebesdarstellung in den ersten drei Romanen Stendhals. Dabei liegt der Fokus auf den durch die Figuren repräsentierten Arten der Liebe, welche in ihren Einzelheiten beleuchtet werden sollen. Stendhals romaneske Liebesdarstellung soll vor dem Hintergrund von *De l'Amour* und den Stendhalschen, klassischen Idealen herausgearbeitet werden, sodass sowohl die erkenntnistheoretischen Ansichten des Autors als auch das von ihm tradierte Material zum Tragen kommen, welches er stets vor dem Hintergrund einer für ihn typischen „besonderen geschichtlichen Kolorierung"[24] erfahrbar macht.

---

[23] Gerlach-Nielsen (1965), 8.
[24] Dethloff (1997), 98.

2 Klassische Tradition und realistischer Geist

2.1 Racine und Stendhal

2.1.1 Stendhals *Racine et Shakespeare*

Seitdem Stendhal 1823 den ersten Teil seiner Schrift *Racine et Shakespeare* veröffentlicht hat, in der er sich für Shakespeare und gegen Racine entscheidet, geht die gängige Stendhalforschung eher von einer romantischen als einer klassizistischen Gesinnung Stendhals aus.[25] Allerdings muss man sich vor Augen führen, dass Stendhal in *Racine et Shakespeare* den herkömmlichen Sinn von *romantique* völlig umkehrt, indem er „das Aktuelle, gerade jetzt Schöne, morgen schon wieder Überholte und nur noch ›Klassische‹"[26] zur Norm der modernen Literatur erhebt. Das heißt also, das Romantische ist mit den Augen Stendhals als das für die Gegenwart Charakteristische zu sehen, welches sich immer neu von aller Vergangenheit und damit zuletzt auch von sich selbst absetzt.[27] Dies belegt Stendhals These im dritten Kapitel von *Racine et Shakespeare*:

> Le Romanticisme est l'art de présenter aux peuples les oeuvres littéraires qui, dans l'état actuel de leurs habitudes et de leurs croyances, sont susceptibles de leur donner le plus de plaisir possible. Le Classicisme, au contraire, leur présente la littérature qui donnait le plus grand plaisir possible à leurs arrière-grands-pères.[28]

Wenn Stendhal sich auf seiner Suche nach einer neuen Theaterästhetik offen gegen Racine ausspricht: „Malgré les pédants, l'Allemagne et l'Angleterre l'emporteront sur la France ; Shakespeare, Schiller et lord Byron l'emportent sur Racine et Boileau"[29], so rückt seine Bewunderung, welche er andererseits für diesen klassischen Tragödiendichter hat, oftmals in den Hintergrund. Er verehrt Racine nicht nur wegen seiner moralistischen Fähigkeiten, welche immer dann hervortreten, wenn der Dichter bei Hofe hinter die glanzvolle Folie dringt, um unerbittlich die Schwächen der Menschen bloßzulegen[30], sondern Stendhal äußert sich überdies häufig begeistert über Racines Darstellung der Liebe. Er betont beispielsweise, Racine habe die Leidenschaften mit der höchs-

---

[25] Wendt-Adelhoefer (1995), 1. Wendt-Adelhoefer bestreitet diese Annahme und hat nachgewiesen, dass solche Aussagen zu relativieren sind. Die Autorin behauptet: „Solche Standpunkte lassen wesentliche Aspekte der Textproduktion außer Acht, so beispielsweise den, dass ein Kunstwerk in erheblichem Maße durch die Negation anderer Texte entsteht, die als *agitateur producteur de la pensée* fungieren. Dies umso mehr, wenn sich ein Autor unablässig mit bestimmten Texten auseinandergesetzt hat, wie Stendhal mit denjenigen Racines" (Hervorhebung durch Wendt-Adelhoefer), 9.
[26] Stendhal (Henri Beyle): *Werke*, hrsg. von Carsten Peter Thiede/Ernest Abravanel/Bernard Frank/Ursula Mathis/Kurt Wais, Berlin 1980, 272.
[27] Thiede/Abravanel/Frank/Mathis/Wais (1980), 272.
[28] Stendhal: *Racine et Shakespeare*, Paris Le Divan, Liechtenstein 1968, 43.
[29] *Racine et Shakespeare*, 192.
[30] Jean de la Bruyère: *Aphorismen. Ausgewählt und übersetzt von Günther Schuckmann. Mit einer Einleitung „Zur französischen Moralistik" von Jürgen von Stackelberg*, Göttingen 1968, 6.

ten Würde versehen, einer außerordentlichen Würde, die zu seiner Zeit modern war.[31] Dieser Satz deutet bereits die für die vorliegende Studie wichtige Bedeutung Racines für Stendhal als „Dichter der Leidenschaften" an. Sowohl in Stendhals Korrespondenzen, als auch in einigen seiner publizierten Schriften tritt seine Anerkennung für die Racinesche Liebesdarstellung deutlich zu Tage. Victor del Litto hat dies folgendermaßen zusammengefaßt:

> Quant à Racine, parfois il admet, en suivant Chateaubriand, que l'auteur d'*Andromache* est « supérieur à Virgile dans les caractères, qu'il a excellé dans la peinture des femmes et de l'amour » – « l'amour porté à son extrême, éperdu ». La « tendresse éperdue » de Roxane fait battre son cœur ; c'est « l'extrême de l'amour ». Beyle en arrive même à lui reconnaître parfois la qualité dont il fait le plus de cas : le naturel.[32]

Diese Passage bringt das primäre Ziel beider Autoren - die Leidenschaften auf eine natürliche Art und Weise darzustellen - zum Ausdruck und unterstreicht somit Stendhals Anlehnung an Racines Liebesdarstellung. In Übereinstimmung mit Boileau, Molière und Racine ist der *nature*-Begriff für Stendhal nicht gleichzusetzen mit einem fotografischen Naturalismus, sondern er bedeutet für ihn die durchdringende Darstellung der sozialen und vor allem menschlichen Natur.[33]

Somit kann die häufig zitierte ablehnende Haltung Stendhals gegenüber Racine in einem gewissen Maße relativiert werden, zumindest hinsichtlich der Racineschen Liebesdarbietung. Wichtig ist lediglich Stendhals Postulat, tradiertes Material jeweils vor dem Hintergrund der gegenwärtigen Zeit zu behandeln.[34]

2.1.2 Racine als „Dichter der Leidenschaften"

Racine kann als einer der ersten Dichter angesehen werden, bei welchem der eintretende Wandel der Liebessemantik im 17. Jahrhundert deutlich spürbar wird.[35] Erich Auerbach spricht in diesem Zusammenhang von einem Wechsel der stoisch-pejorativen Wertung der Leidenschaften in eine polare, in der das Schreckliche und das Herrliche sich zum Erhabenen vereinen. Er fährt fort zu behaupten, dass dieser Wechsel bereits bei Corneille und Pascal sichtbar wird, doch dass er seinen Höhepunkt in der Tragödie Racines

---

[31] *Racine et Shakespeare*, 44.
[32] Victor del Litto: *La vie intellectuelle de Stendhal. Genèse et évolution de ses idées (1802-1821)*, Genève 1997, 231.
[33] Wendt-Adelhoefer (1995), 26. Außerdem betont J. C. Alciatore bezüglich Stendhals Naturnachahmung: „Sous tous les rapports excepté celui de la peinture des sentiments, le poète, grâce au pouvoir d'abstraire, embellit la nature" (J. C. Alciatore: *Stendhal et Helvétius. Les sources de la philosophie de Stendhal*, Genf 1952, 269). Vgl. in diesem Zusammenhang auch das Kapitel 2.5 dieser Studie über den Stendhalschen Realismus.
[34] Wendt-Adelhoefer (1995), 26.
[35] Wendt-Adelhoefer (1995), 67.

erreicht, deren Ziel es ist, die Leidenschaften zu erregen und zu verherrlichen. Es gibt nun also sowohl das Entzücken als auch die Qual der Leidenschaften, so dass Leiden und Leidenschaft ein unzertrennliches Paar werden und von nun an der Ruhe der Vernunft gegenüberstehen.[36]

Racine äußert sich in seinem Vorwort zur *Bérénice* selbst zum Thema der Leidenschaften und sagt, dass ihnen in Zukunft mehr Aufmerksamkeit im Drama geschenkt werden müsse:

> Ce n'est point une necessité qu'il y ait du sang et des morts dans une tragédie ; il suffit que l'action en soit grande, que les acteurs en soit héroïques, que les passions y soit excitées, et que tout s'y ressente de cette tristesse majestueuse qui fait tout le plaisir de la tragédie [...] toute l'invention consiste à faire quelque chose de rien, et que tout ce grand nombre d'incidents a toujours été le refuge des poètes qui ne sentaient dans leur génie ni assez d'abondance ni assez de force pour attacher durant cinq actes leurs spectateurs par une action simple, soutenue de la violence des passions, de la beauté des sentiments et de l'élégance de l'expression.[37]

Im Gegensatz zu einer dramatischen Handlung zieht Racine also eine einfache Handlung vor, durch welche die Vorrangstellung der Leidenschaften deutlich zu Tage treten kann. Er spricht von einer Heftigkeit der Leidenschaft und einer Schönheit der Gefühle, welche an die Stelle von Blutvergießen und Tod treten sollen.

Ein anderer Verehrer Racines, welcher sich auch mit dem „Dichter der Leidenschaften" beschäftigt hat, ist der Kritiker Gonzague Truc. Er sieht in Racine „den klassischen Meister, dem keiner der späteren gleichkommt" und beschreibt ihn „unter den Klassikern als den Schilderer der schrecklichen und zerstörenden Leidenschaften".[38] Ferner lobt Gonzague Truc seine Menschlichkeit, welche ihm durch Erfahrung und Temperament zuteil geworden ist und sich in seiner Fähigkeit, die menschlichen Leidenschaften zu durchdringen, widerspiegelt. Er schließt seinen Diskurs über Racine mit den Worten, er sei so extrem modern und ferner so modern in seiner Leidenschaftlichkeit, dass man ihn erst nach Rousseau, welcher den Blick in die Tiefen des Menschen zugänglich gemacht habe, verstehen könne.[39]

Eine letzte Bemerkung zur Racineschen Leidenschaftlichkeit, welche in Übereinstimmung mit Erich Auerbach gemacht werden kann, ist, dass es sich bezüglich des Erhabenen der Leidenschaften keineswegs nur um die Liebe handelt, sondern um weltliche Begierden überhaupt und „um eine ganz neue Autonomie und Hypertrophie der menschlichen Persönlichkeit. [...] Racine [...] treibt die Expansion und Entfaltung des

---

[36] Auerbach (1967), 161ff.
[37] Jean Racine: *Bérénice*, zitiert nach Wendt-Adelhoefer (1995), 67.
[38] Auerbach (1967), 198.
[39] Auerbach (1967), 198.

Weltlich-Persönlichen, das er tiefer und konkreter erfasst hat als sein Vorgänger, zur strahlendsten Blüte."[40]

2.1.3 Vergleich der Leidenschaften bei Racine und Stendhal

In Übereinstimmung mit Wendt-Adelhoefer kann die Feststellung gemacht werden, dass die auffälligste Gemeinsamkeit Racines und Stendhals in der Ausschließlichkeit der Liebesleidenschaften liegt.[41] In ihren Werken äußert sich dies dahingehend, dass der oder die Liebende der Liebesleidenschaft hilflos ausgeliefert ist, sich nur noch auf die angebetete Person fixiert und zudem ein stark ausgeprägtes Bewusstsein über seine oder ihre Leidenschaft besitzt. Davon zeugen vor allem die zahlreichen Monologe der Liebenden. Auf Seiten Racines kommt die Ausschließlichkeit der Liebesleidenschaften beispielsweise in seinem Stück *Phèdre* (1677) zum Ausdruck, wo sowohl das Leben Phèdres als auch jenes ihres Stiefsohns Hipolyte von ihrer Liebe zueinander geleitet wird, und diese sich über alle Tabus hinwegsetzt. Stierle spricht in diesem Zusammenhang von Racines neuem dramatischen Thema des dezentrierten Subjekts, welches „durch die Leidenschaft in den Antrieben seines Handelns sich selbst wie den gesellschaftlichen Normen entzogen wird".[42] Wo zuvor die Normen das Handeln des Menschen bestimmt haben, bildet nun die Leidenschaft dessen Zentrum.

Auch bei Stendhal ist der Mensch Produkt seiner Leidenschaften, und somit wird sein Handeln durch diese bestimmt. Dass in der wahren Liebe die Fixiertheit auf eine einzige Person eine große Rolle spielt, deutet Stendhal schon in *De l'Amour* an, als der Liebende sich fragt: „Mais est-ce qu'elle m'aime ? Au milieu de ces alternatives déchirantes et délicieuses, le pauvre amant sent vivement : Elle me donnerait des plaisirs qu'elle seule au monde peut me donner." (AM 36)

In seinen Romanen hat Stendhal die Ergriffenheit der liebenden Personen folgendermaßen umgesetzt: Für Octave sind nur noch jene Gegebenheiten von Bedeutung, welche mit Armance in Verbindung stehen:

> Tout ce qui ne peut pas me parler d'Armance est pour moi comme non existant. […]; mais loin d'elle, il ne pouvait voir aucune action qui valût la peine de vivre. Rien ne lui semblait digne de lui inspirer le moindre intérêt. Tout lui paraissait également insipide, l'action le plus noble comme l'occupation le plus vulgairement utile […].[43]

---

[40] Auerbach (1967), 200.
[41] Wendt-Adelhoefer (1995), 68ff.
[42] Karlheinz Stierle: *Die Modernität der französischen Klassik. Negative Anthropologie und funktionaler Stil*, in: *Französische Klassik. Theorie, Literatur, Malerei*, hrsg. von Fritz Nies/Karlheinz Stierle, München 1985, 102.
[43] Stendhal: *Armance*, Éditions Gallimard 1975, 160. Im Folgenden werden die Angaben aus diesem Werk unter der Abkürzung ARM und der entsprechenden Seitenzahl direkt im Text vorgenommen.

Auch Lucien Leuwen bemerkt treffend, dass er den Sinn seines Lebens mit dem Tag gefunden hat, an welchem er Mme de Chasteller zum ersten Mal sah: „Je n'ai commencé à vivre et à chercher à me connaître que le jour où mon cheval est tombé sous des fenêtres qui ont des persiennes vertes."[44]

Und Mme de Chastellers Gedanken gehören allein Lucien: „[...] elle avait été en proie de l'ennui, mais cet ennui eût été maintenant pour elle un état délicieux, comparé au malheur de voir rarement cet être qui était devenu l'objet unique de ses pensées. [...] Elle ne voyait plus que lui dans la nature entière." (LL 343ff)

Da die Liebesleidenschaft sowohl bei Racine als auch bei Stendhal immer durch eine außerordentliche Stärke charakterisiert ist - ihrer Erfüllung jedoch stets irgendein Hindernis im Wege steht - wird bei beiden Autoren der Tod zu einem erlösenden Moment. Ein Weiterleben ohne die erwiderte Gegenliebe der oder des Angebeteten wäre qualvoller als das Sterben, wie Stendhal in *De l'Amour* formuliert[45]: „Le véritable amour rend la pensée de la mort fréquente, aisée, sans terreurs, un simple objet de comparaison, le prix qu'on donnerait pour bien des choses." (AM 253)

Der Grund für die Ausschließlichkeit der Liebesleidenschaft liegt in dem Verständnis beider Autoren bezüglich der Liebe. Stendhal vergleicht in *De l'Amour* die Entstehung der Liebe mit dem Fieber (AM 42), womit er auf die Überlegenheit der Liebesleidenschaft über den menschlichen Willen und Verstand aufmerksam macht. Auch Racine ist, wie anfänglich durch die Selbstentzogenheit des Subjekts bereits angesprochen wurde, von der Unfähigkeit des Menschen sich der Liebe zu widersetzen, überzeugt. Im Vorwort zur *Phèdre* betont er, die Liebesleidenschaften seien „Schwächen großer Seelen"[46], und Stendhal spricht in *Armance* von den „punitions que le ciel semble prendre plaisir à infliger aux âmes élevées" (ARM 159). Demnach hat der Mensch also keinerlei Einfluss auf seine Liebesleidenschaft.

Auch wenn sowohl bei Racine als auch bei Stendhal von dem *amour-passion* die Rede ist, so besteht doch ein wesentlicher Unterschied darin, dass die Racinesche Passion im Gegensatz zur Stendhalschen nicht von erotischer, sondern metaphysischer Natur ist. Mit den Worten Stierles heißt dies bezüglich Racines Leidenschaftlichkeit: „Das Bedürfnis nach Vereinigung, das im Anblick der geliebten Person aufbricht, ist von der Art, dass keine erotische Befriedigung es erfüllen könnte."[47]

---

[44] Stendhal: *Lucien Leuwen*, Éditions Gallimard 2002, 294. Im Folgenden werden die Angaben aus diesem Werk unter der Abkürzung LL und der entsprechenden Seitenzahl direkt im Text vorgenommen.
[45] Wendt-Adelhoefer (1995), 69.
[46] Racine: *Phèdre*, zitiert nach: Wendt-Adelhoefer (1995), 70.
[47] Stierle, in: Nies/Stierle (1995), 107.

Gerlach-Nielsen sagt in diesem Zusammenhang hinsichtlich der Stendhalschen Liebe:

> Or, à notre avis, c'est justement l'absence d'une dimension métaphysique qui caractérise l'amour stendhalien. Il n'est ni l'*Eros* des Grecs, cette étincelle d'éternité qui repose en chacun de nous, ni l'*Agapê* des Chrétiens qu'illumine la grâce. Le drame d'amour se joue *hic et nunc*. Aucune évasion n'est possible, ni dans le passé ni dans l'avenir. Dans le traité, le plus grand bonheur, l'amour partagé est inaccessible à l'homme victime d'une société mesquine. L'amour est grand, l'homme est petit (Hervorhebung durch Gerlach-Nielsen).[48]

Eine wichtige Funktion, welche den Leidenschaften bei beiden Autoren zukommt, ist, dass diese als Unruhe stiftende Elemente dienen, durch die eine dramatische Handlung erzeugt wird.[49] Gleichermaßen wie Phèdre aufgrund ihrer Liebe zu Hipolyte außerstande ist, eine Ordnung in ihr Leben zu bringen, wird beispielsweise auch das Dasein Mme de Rênals durch ihre leidenschaftlichen Taten, welche sich über moralische und gesellschaftliche Grenzen hinwegsetzen, zu einem Durcheinander.

Ein letzter Punkt des Vergleichs soll dem Gegensatz von Sprechen und Schweigen gelten. Wendt-Adelhoefer betont bezüglich der *Phèdre*: „Reden und das dazugehörige Schweigen bilden die Struktur und Thematik dieses Dramas. […] Es ist das gebrochene Schweigen, welches in dieser Tragödie vornehmlich die Handlung und das Verhängnis in Gang setzt."[50]

Dadurch, dass Phèdre ihr Liebesgeständnis zunächst aus Angst der Unwiderrufbarkeit des gesagten Wortes nur andeutet und erst später angesichts des Todes offen ausspricht, erreicht die Handlung erst ihr gewolltes Ziel, da - wie Maulnier erklärt - noch alles zu retten wäre, wenn nicht im entscheidenden Moment geschwiegen würde.[51]

In *Armance* können diesbezüglich einige Ähnlichkeiten aufgezeigt werden, denn sowohl Octave als auch Armance denken immer wieder über die Möglichkeit nach, offen miteinander zu sprechen, aber entscheiden sich oftmals in der letzten Sekunde anders. Entweder erzählen sie nur die halbe Wahrheit oder belassen es bei Andeutungen, so dass auch hier erst angesichts des Todes ein Geständnis gemacht wird. Hätte Octave die wahren Gründe seines Liebesverzichts im Laufe der Handlung kundgetan, so wäre dem Roman ein Großteil seiner Dramatik verloren gegangen.

Diese Problematik des Kommunizierens, welche sich auch in *Lucien Leuwen* findet, begründet Stendhal folgendermaßen: „Plus on devient passionné, plus la langue nous

---

[48] Gerlach-Nielsen (1965), 25.
[49] Racine spricht in seinem Vorwort zu *Phèdre* von seiner Absicht die „difformité" der Leidenschaften darstellen zu wollen, zitiert nach: Wendt-Adelhoefer (1995), 71.
[50] Wendt-Adelhoefer (1995), 150.
[51] Thierry Maulnier: *Nachschrift für eine Inszenierung*, zitiert nach: Wendt-Adelhoefer (1995), 151.

manque."⁵² Dies zeigt sich ganz deutlich als Lucien Leuwen anfänglich in der Gegenwart Mme de Chastellers kein einziges Wort mehr hervorbringt (LL 202). Die wirklich dramatische Funktion des Schweigens findet hier allerdings ihren Höhepunkt nach der fingierten Entbindung Mme de Chastellers (LL 375ff), welche zur Trennung der Liebenden führt. Denn Lucien bricht gleich danach nach Nancy auf, ohne durch ein Gespräch mit Mme de Chasteller die Wahrheit zu erfahren.

Le Rouge et le Noir ist der einzige der drei Romane, in welchem die Liebenden nicht schweigen. Auch wenn Julien und Mme de Rênal bis zum Schluss der Erfüllung ihrer Liebesleidenschaft entweder durch übertriebenen Ehrgeiz, Fehlinterpretationen oder unbegründete Eifersucht selbst hinderlich sind, so können sie sich wenigstens in ihrer Aussprache angesichts des Todes Juliens ihre wahren Gefühle und Beweggründe ihrer Taten gestehen.

Der Vergleich hat gezeigt, dass Stendhal wesentliche Merkmale der Racineschen Liebesdarstellung in seine Werke integriert hat, und dass somit die Leidenschaften bei Stendhal einen ähnlichen Stellenwert einnehmen wie bei Racine. Zwei Kritikpunkte, welche der Romancier bezüglich Racine äußert - nämlich der Mangel an Handlung sowie der Vergegenwärtigung der Szenen - hat dieser durch das Einführen von Beschreibungen der Handlung und einer reichen Körpersprache gelöst. Auf diese Weise verwandelt sich das Romangeschehen vor dem inneren Auge des Lesers in eine bildhafte, aktionsreiche Szenerie.⁵³

2.2 Mme de Lafayette und Stendhal: Die Liebessemantik in *La Princesse de Clèves*

Die Liebessemantik in Mme de Lafayettes Werk *La Princesse de Clèves* ist vor allem durch den *amour galant* und den *amour-passion* charakterisiert. Im Folgenden sollen diese beiden Arten der Liebe mit ihren typischen Merkmalen dargestellt werden, um die zunehmende Priorität des *amour-passion*, welcher die alleinige Akzeptanz und Vorrangstellung der auf *gloire* und *mérite* basierenden Liebe immer mehr in den Hintergrund rücken lässt, aufzuzeigen.

Gleich zu Beginn ihres Werks macht Mme de Lafayette in einer umfassenden Beschreibung der durch „magnificence"⁵⁴, „galanterie" (PC 45) und „éclat" (PC 45) gekenn-

---

[52] Stendhal: *Pensées II*, zitiert nach: Wendt-Adelhoefer (1995), 152.
[53] Andrea Wendt-Adelhoefer: *Zum Umgang mit Szenenbildern aus dem Theater Racines*, in: *Stendhal. Image et texte /Text und Bild*, hrsg. von Sybil Dümchen und Michael Nerlich, Tübingen 1994, 271ff.
[54] Mme de Lafayette: *La Princesse de Clèves*, Librairie Générale Française 1999, 45. Die folgenden Angaben aus diesem Werk werden unter der Abkürzung PC und der entsprechenden Seitenzahl direkt im Text vorgenommen.

zeichneten höfischen Gesellschaft nicht nur auf dessen glanzvollen äußeren Schimmer, sondern auch auf die Leidenschaftsverfallenheit der Menschen am Hof aufmerksam. An diesem Ort sind die Leidenschaften nicht nur sehr stark ausgeprägt, sondern sie werden auch mit der größten Sorgfalt verborgen und zeigen sich zudem nur selten ohne „die unlösbare Verflechtung von Ehrgeiz und Liebe und dem Zwang zur Verstellung"[55]. Somit wird also ganz schnell auch die dunkle Kehrseite dieser höfischen Scheinwelt aufgedeckt, in welcher Kabalen und Intrigen auf der Tagesordnung stehen, und die *galanterie*, eine vernunftgesteuerte Leidenschaft, als Verführungs- und Unterhaltungskunst dient, um das höfische Leben innerhalb der strengen Ordnungs-prinzipien interessant zu machen:

> L'ambition et la galanterie étaient l'âme de cette Cour, et occupaient également les hommes et les femmes. Il y avait tant d'intérêts et tant de cabales différentes, et les dames y avaient tant de part que l'amour était toujours mêlé aux affaires et les affaires à l'amour. Personne n'était tranquille, ni indifférent ; on songeait à s'élever, à plaire, à servir, ou à nuire ; on ne connaissait pas ni l'ennui, ni l'oisiveté, et on était toujours occupé des plaisirs ou des intrigues (PC 59).

Charakterisiert ist der *amour galant* also durch Unaufrichtigkeit und Untreue, denn dem Adligen geht es lediglich um die Erhöhung seines Sozialprestiges, und in keinster Weise handelt es sich dabei um wahre Gefühle. Zu den unerlässlichen Voraussetzungen seines sozialen Erfolges werden somit: „Überlegung, Berechnung auf längere Sicht, Selbstbeherrschung, genaueste Regelung der eigenen Affekte, Kenntnis der Menschen und des gesamten Terrains [...]."[56]

Zu Recht lässt sich daher mit La Rochefoucauld feststellen: „Ce qui se trouve le moins dans la galanterie, c'est de l'amour." (Maxime 402)[57] Überdies kann in Übereinstimmung mit den Moralisten behauptet werden, dass der „höfische art de plaire [...] nur eine besonders geschickte List des amour-propre"[58] ist, und „der gesellschaftliche Verkehr [...] insgesamt als nichts anderes als eine permanente « mutuelle tromperie »"[59] erscheint.

Als Gegenpol zu den galanten Beziehungen der Hofgesellschaft kommen nun die vom *amour-passion* dominierten Liebschaften ins Spiel, denn hier handelt es sich um wahre Liebe. Wo Erstere also dem Postulat des Unterdrückens der persönlichen Neigungen

---

[55] Wolfgang Matzat: „*Affektpräsentationen im klassischen Diskurs – 'La Princesse de Clèves'*" in: *Französische Klassik*, hrsg. von Fritz Nies/ Karlheinz Stierle, München 1985, 238.
[56] Matzat, in: Nies/Stierle (1985), 239.
[57] La Rochefoucauld: *Œuvres complètes* (Bibliothèque de la Pléiade), hrsg. von Louis Martin-Chauffier und Jean Marchand, Paris 1964, 456. La Rochefoucauld war ein guter Freund Mme de Lafayettes und hatte daher einen großen Einfluss auf ihr Schaffen.
[58] Matzat, in: Nies/Stierle (1985), 240.
[59] Matzat, in: Nies/Stierle (1985), 240.

unterliegen, stellen Letztere mit ihrer Herrschaft über die Vernunft eine unkontrollierbare Macht und somit eine stetige Bedrohung gegenüber den ethisch- gesellschaftlichen Normen der Zeit dar. Angedeutet wird ein solcher *amour-passion* schon sehr früh in der *Princesse de Clèves*, nämlich durch die Affäre des Königs mit seiner Mätresse der Herzogin von Valentinois (PC 46). Allerdings ergibt sich hier eine augenfällige Ambiguität, indem die Gesellschaft das Verhalten des Königs duldet. Denn einerseits wird eine solche verbotene Leidenschaft nach außen hin verurteilt und wird andererseits dennoch schweigend hingenommen. Festzuhalten bleibt jedoch, dass beides mit der gleichen Absicht geschieht: Dem Aufrechterhalten der geltenden Ordnungsprinzipien.[60] Somit unterliegen beide Formen der Liebe an der Oberfläche den ethischen und moralischen Normen der Zeit, und auch der Ausbruch des *amour-passion* aus dieser Ordnung wird durch den Liebesverzicht der Princesse de Clèves nur angedeutet. Somit kann das Thema des Lafayettschen Romans folgendermaßen definiert werden:

> Es ist dies die Suche nach einem Kompromiss zwischen individuellem Anspruch, der in der Liebe („amour-passion") offenbart wird, und der verbindlichen Ordnung des Hofes. Da der Hof als gesellschaftliches Ordnungsprinzip auf der einen und Leidenschaft schlechthin auf der anderen Seite sich in einem labilen Gleichgewicht befinden, muss der spontane Ausbruch von Gefühlen die Gefahr in sich bergen, die mühsam aufrechterhaltene höfische Ordnung zu zerstören oder zumindest zu verletzen.[61]

Dadurch, dass die Mitglieder der höfischen Gesellschaft zwischen dieser Oberfläche gesellschaftlich konformer Verhaltensweisen und ihren persönlichen Empfindungen trennen müssen, geraten sie häufig in einen inneren Konflikt. Dieser wird besonders am Beispiel der *Princesse* deutlich. Daher soll im Folgenden aufgezeigt werden, wie die Protagonistin den *amour-passion* unter der allgegenwärtigen Autorität der galanten Gesellschaft erfährt, und was die Charakteristika einer solchen leidenschaftlichen Liebe sind. Auch die von den beiden männlichen Figuren M. de Clèves und M. de Nemours empfundenen Leidenschaften sollen in diesem Zusammenhang untersucht werden und mit in die Betrachtung einfließen.

Zunächst ist wichtig, dass die Liebe als *amour-passion* bei Mme de Lafayette stets im Zeichen des *coup de foudre* auftritt, das heißt also der „Liebe auf den ersten Blick"[62], und dass sie sich stets in Bewegung ausdrückt.[63] Dies kommt beispielsweise zum Ausdruck, als M. de Clèves den Mangel dieser Bewegtheit bei Mlle de Chartes feststellt:

---

[60] Schneider (1983), 96.
[61] Schneider (1983), 94.
[62] Erich Köhler: *Madame de Lafayettes „La Princesse de Clèves". Studien zur Form des klassischen Romans*, Hamburg 1959, 19.
[63] Schneider (1983), 99.

> […] vous n'avez pour moi qu'une sorte de bonté qui ne me peut satisfaire ; vous n'avez ni impatience, ni inquiétude, ni chagrin ; vous n'êtes pas plus touchée de ma passion que vous le seriez d'un attachement qui ne serait fondé que sur les avantages de votre fortune et non pas sur les charmes de votre personne (PC 67).

Die Bewunderung ist dabei ein weiteres Anzeichen der beginnenden Leidenschaft und drückt sich im Zusammenhang mit einer *surprise* über die Schönheit des Gegenübers aus, dessen äußerste Folge wiederum das *étonnement* ist. Dies ist bei der ersten Begegnung von M. de Clèves und Mlle de Chartes zu beobachten: „Il fut tellement surpris de sa beauté qu'il ne peut cacher sa surprise ; et mademoiselle de Chartres ne put s'empêcher de rougir en voyant l'étonnement qu'elle lui avait donné." (PC 55)

Auch als M. de Nemours die *Princesse* sieht, ist er „tellement surpris de sa beauté, […] il ne put s'empêcher de donner des marques de son admiration." (PC 72) Und es beruht auf Gegenseitigkeit, denn „elle se tourna et vit un homme […]. Ce prince était fait d'une sorte qu'il était difficile de n'être pas surprise de le voir." (PC 71) Die *surprise* kann somit als Schlüsselwort für „die Erfahrung eines plötzlichen Überfalls unberechenbarer, irrationaler und schicksalhafter Kräfte auf die vermeintliche Geborgenheit in einer rationalen Lebensordnung"[64] angesehen werden.

Neben der Schönheit, an welcher sich die Liebe entzündet und welche somit als „conditio sine qua non" des *amour-passion* angesehen werden kann[65], spielt die Eifersucht eine große Rolle: Erst angesichts großer Qualen spüren die Protagonisten die ganze Tragweite ihres *amour-passion*.[66] Dies erfährt auch die *Princesse*, als sie den angeblich von M. de Nemours verlorenen Liebesbrief liest, erhalten von Mme de Thémines:

> […] elle voyait seulement que monsieur de Nemours ne l'aimait pas comme elle l'avait pensé, et qu'il en aimait d'autre qu'il trompait comme elle. […] Jamais affliction n'a été si piquante et si vive. […] Mais elle se trompait elle-même ; et ce mal, qu'elle trouvait si insupportable, était la jalousie avec toutes les horreurs dont elle peut être accompagnée (PC 132).

Auch nachdem die *Princesse* erfahren hat, dass der Liebesbrief gar nicht an M. de Nemours gerichtet war, verspürt sie stetige Angst und Zweifel hinsichtlich der Aufrichtigkeit der *passion* des M. de Nemours. Ihre Zerrissenheit zwischen Verstand und Leidenschaft tritt in einem inneren Monolog der Verzweiflung deutlich hervor:

> Elle trouva qu'il était presque impossible qu'elle pût être contente de sa passion ; « mais quand je le pourrais être, disait-elle, qu'en veux je faire : veux-je la souffrir, veux-je y répondre ? Veux-je m'engager dans une galanterie, veux-je manquer à monsieur de Clèves, veux-je me manquer à moi-même ? Et veux-je enfin m'exposer aux cruels repentirs et aux mortelles douleurs que donne l'amour ? Je suis vaincue et surmontée par une inclination qui m'entraîne malgré moi : toutes mes résolutions sont

---
[64] Köhler (1959), 21.
[65] Schneider (1983), 102.
[66] Schneider (1983), 105.

> inutiles, je pensais hier tout ce que je pense aujourd'hui, et je fais aujourd'hui tout le contraire de ce que je résolus hier [...] (PC 157).

Den Höhepunkt dieser Gedanken der *Princesse* bildet ihr Bewusstsein über das Ende jeglicher Selbstbestimmung bezüglich ihres eigenen Lebens durch die bittere Erfahrung, dass jede Vernunftanstrengung von ihrer Leidenschaft besiegt und bezwungen wird. In diesem Prozess des Autonomieverlusts begreift die *Princesse* zudem die Unbezwingbarkeit ihrer immer wieder auftretenden Eifersucht und entschließt sich in diesem Zustand der völligen Ratlosigkeit letztlich zu ihrem Geständnis gegenüber ihrem Gatten M. de Clèves. Bei diesem wiederum führt die auf das Geständnis folgende Eifersucht zum Tod, wodurch die doppelte epische Funktion der Eifersucht besiegelt wäre: Einerseits kann mit dem Tod des M. de Clèves der Liebesverzicht der *Princesse* erst als echter Verzicht verstanden werden, angetrieben durch ihren *devoir* gegenüber ihrem Gatten. Andererseits wird die Eifersucht zu einem der Hauptmotive ihres Verzichts.[67]

Ein weiterer Aspekt, welcher im Zusammenhang mit der Eifersucht auftaucht, ist das Verlangen der *Princesse* nach *repos*. Da dieser unmittelbar nach der Briefepisode genannt wird, kann er als Folge der „inquiétudes mortelles de la défiance et de la jalousie" (PC 156) der *Princesse* angesehen und mit dem Wunsch nach einer Wiederherstellung des Seelenfriedens in Verbindung gebracht werden.[68] Betrachtet man unter diesem Gesichtspunkt das Geständnis der *Princesse*, so kann dies als eine Tat gesehen werden, welche durch einen solchen Wunsch nach innerer Ruhe hervorgerufen wird, und demzufolge ist es also nichts anderes als eine egoistische Tat, angetrieben durch ihre Eigenliebe.[69] Die *Princesse* deutet nämlich mit ihrer Aussage: „Au nom de Dieu, lui dit-elle, laissez moi en repos !" (PC 171), welche nach dem Geständnis aus ihr herausbricht, ihre Verzweiflung über M. de Clèves' Eifersucht und vor allem M. de Nemours' Erscheinen an und lässt zudem ihre eigentliche Absicht des Geständnisses des Erreichens der inneren Ruhe durchblicken.[70]

In einem engen Zusammenhang mit dem *repos* steht auch der zuvor angesprochene *devoir*, welcher der *Princesse* im Kampf gegen ihren *amour-passion* in enger Verflechtung mit Ersterem zur notwendigen Bedingung wird: „[...] ce que je crois devoir à la mémoire de monsieur de Clèves serait faible s'il n'était soutenu par l'intérêt de mon

---

[67] Köhler (1859), 25.
[68] Köhler (1859), 27.
[69] Vgl. den Einfluß La Rochefoucaulds: „Il n'y a point de passion où l'amour de soi-même règne si puissamment que dans l'amour, et on est toujours plus disposé à sacrifier le repos ce qu'on aime qu'á perdre le sien." (M. 262)
[70] Köhler (1859), 27.

repos ; et les raisons de mon repos ont besoin d'être soutenues de celles de mon devoir ; […]." (PC 231)

Durch das Bewusstsein der *Princesse*, dass ihre und M. de Nemours Leidenschaft ihren Gatten in den Tod getrieben haben, fühlt sich diese schuldig und deshalb verpflichtet, einer Heirat mit dem Prince zu entsagen. Allein dessen Anblick will sie als „une chose entièrement opposée à son devoir" (PC 221) meiden, da sie sich sonst sofort in den Fängen der *passion* wieder finden würde.

Von den drei genannten Motiven - der *jalousie*, dem *repos* und dem *devoir* - welche letztendlich zum Verzicht der *Princesse* bezüglich M. de Nemours führen, nimmt die innere Ruhe einen höheren Stellenwert ein als die Pflichterfüllung. Somit kann „die Befreiung von den unseligen Affekten der Liebe"[71] als höchstes Ziel im Streben der *Princesse* angesehen werden: „Les raisons qu'elle avait de ne point épouser monsieur de Nemours lui paraissaient fortes du côté de son devoir, et insurmontables du côté de son repos." (PC 235)

Beim Erreichen des *repos* kommt der Krankheit, welche oftmals als Folge auf die innere Unruhe des *amour-passion* ausbricht[72], eine gewisse Bedeutung zu, indem sie den oder die Betroffene zur Ruhe zwingt. Auch die *Princesse* verfällt der Krankheit, als sie zum ersten Mal auf M. de Nemours trifft und schlagartig von ihrer Leidenschaft befallen wird: „Mme de Clèves, dont l'esprit avait été si agité, tomba dans une maladie violente sitôt qu'elle fut arrivé chez elle […]." (PC 236)

Aber nicht nur die echte, sondern auch die geheuchelte Krankheit spielt eine Rolle, indem sie als Schutz gegen den Einbruch der *amour-passion* dienen kann. Neben dieser individuellen Funktion beinhaltet sie noch einen sozialen Aspekt, da mit ihrer Hilfe die wahren Gefühle vor der auf *bienséance* bedachten Gesellschaft geschützt werden können.[73] Auch die *Princesse* benutzt die vorgetäuschte Krankheit des Öfteren als Vorwand, um gesellschaftliche Veranstaltungen nicht besuchen zu müssen, bei denen sie auf M. de Nemours treffen könnte. Man kann daher die eigentliche Ursache für das Vorspielen der Krankheit in der Eigenliebe der *Princesse* begründen: Da nämlich nach einem Treffen mit dem Prince die Eifersuchtsqualen und die Angst, nicht wiedergeliebt zu werden, die Eigenliebe der *Princesse* verletzen würden, entscheidet sie sich schon vorher für eine Flucht in die Krankheit. Somit ist die fingierte Krankheit auf gleiche

---

[71] Schneider (1983), 117.
[72] Vgl. hierzu La Rochefoucauld, welcher ebenfalls die Krankheit mit den Leidenschaften in Verbindung bringt: „Si l'on examine la nature des maladies on trouvera qu'elles tirent leur origine des passions et des peines d'esprits […]", zitiert nach: Schneider (1983), 228.
[73] Schneider (1983), 112.

Weise motiviert wie auch die Entscheidung zum Geständnis und schließlich jene zum völligen Liebesverzicht.[74]

Abschließend bleibt zu sagen, dass der Kampf zwischen der *raison* und der *passion*, welcher durch die drei zuvor genannten Verzichtsmotive instrumentiert wird, repräsentativ ist für die generelle Problematik der Epoche von Sein und Bewusstsein des Menschen. Der innere Widerspruch der Zeit und seine Unlösbarkeit spiegeln sich in der düsteren Zukunftsperspektive des Romangeschehens wider, in welchem die Eifersucht - aus der *passion* hervorgegangen - selbst zu deren Widerspruch und Selbstaufhebung wird[75]:

> [...] *jalousie* ist der dominierende Beweggrund für den Verzicht auf Erfüllung der *passion*, und dieser Verzicht bringt alsbald die *passion* selbst zum Erlöschen. Das Wesentlichste des Lebens, das Persönlichste, unterliegt dem Grundwiderspruch der Zeit und seiner Unlösbarkeit, die sich psychologisch als vollendete Resignation niederschlägt.[76]

Dass dieses Werk Mme de Lafayettes, über welches Stendhal zu Lebzeiten sehr gute Kenntnisse besitzt, für seine Romanproduktion von Bedeutung ist, wird an späterer Stelle dargelegt. Nicht nur die Affektpräsentationen, sondern auch der Ablauf des Gefühlsverlaufs der Liebe scheinen Stendhal inspiriert zu haben.

Der Exkurs über die französischen Moralisten, welcher im nächsten Kapitel folgen wird, steht in einem engen Zusammenhang mit den in diesem Kapitel behandelten Themen: Dessen Vertreter schaffen mit der von ihnen dargestellten abstrakten Welt der Antriebe und Mächte die Grundlage für jene negative Anthropologie, welche die mögliche Autonomie des Menschen in Frage stellt. Wie in den vorigen Kapiteln gezeigt werden konnte, greifen sowohl Racine als auch Mme de Lafayette die Problematik der Fremdbestimmung des Individuums auf und führen diese in fiktionaler Form in ihren Werken weiter.

2.3 Stendhal und die französischen Moralisten

Spricht man in Frankreich von den Moralisten, so bezeichnet dies alle Autoren, welche ohne zu lehren oder zu predigen über Lebensführung, Verhaltensweisen und Moral - kurzum über die Sitten der Menschen - schreiben.[77] Möchte man diesen sehr weitgefassten Sinn eingrenzen, kann man von den klassischen, eigentlichen Moralisten spre-

---

[74] Schneider (1983), 121.
[75] Köhler (1859), 35.
[76] Köhler (1859), 36.
[77] La Bruyère (1968), 5.

chen, deren Werke durch auffallende Gemeinsamkeiten in der Thematik sowie in den Ausdrucksformen miteinander verbunden sind:

> Wegweiser sollten sie werden für den allmählichen Übergang von der systematischen zur künstlerischen, psychologischen Analyse, Schöpfer eines Zeitenwandels, einer werdenden poetischen Technik, der die rationale Analyse der Leidenschaften – die ›Affektenlehre‹ – ebenso dient wie die sich stets verfeinernde Kunst, Charaktere und Sitten zu erfassen und die Vielgestaltigkeit des individuellen und gesellschaftlichen Lebens zu beschreiben.[78]

Die Kunst der Menschenbeobachtung bildet also den Grundstein der französischen Moralistik des 17. Jahrhunderts, dessen zentrale Themenbereiche die am Hofe praktizierte „Höflichkeit als normativer Rahmen der Selbstdarstellung und Selbstbehauptung" sowie die allgemein menschliche Natur mit ihren Handlungsantrieben sind. All dies führt zu einer intensiven Kultur der Menschenbeschreibung, welche sich auch in anderen Bereichen der Literatur bemerkbar macht.[79]

2.3.1 La Rochefoucauld

Der im Kontext dieser Studie bedeutendste Moralist, La Rochefoucauld, wird als derjenige angesehen, welcher in Anlehnung an Gracián die traditionsreiche, literarische Ausdrucksform des Aphorismus entwickelt. Als er 1665 sein Hauptwerk *Réflexions ou Sentences et Maximes morales* erscheinen lässt, hat der Adlige, welcher einer der Hauptakteure der Fronde war, durch deren Untergang ein Leben voller Niederlagen und enttäuschter Illusionen zu verzeichnen, so dass er sich völlig resigniert der Beobachterrolle in den Salons der zeitgenössischen Gesellschaft hingibt.[80] Was er dort aufspüren will, ist die in allen möglichen Formen versteckte Verstellung, welche aus der Schwäche der menschlichen Natur resultiert, sich den Konventionen der Zeit zu fügen und sich von seinen Bedürfnissen lenken zu lassen. La Rochefoucaulds Anliegen, diese Schwäche und die damit einhergehende Selbstentfremdung des Menschen zu untersuchen, läßt ihn sich dem Inneren des handelnden Individuums zuwenden, um dort die eigentlichen Motivationen des Handelns aufzudecken. Dabei kommt er zu dem Schluss, dass der Mensch nicht durch seine Vernunft gesteuert wird, sondern lediglich als ein Sklave seiner Leidenschaften bezeichnet werden kann. Dies verdeutlicht der Aphorismenschreiber in der zweiten Maxime, indem er die Begriffe „Esprit" und „Cœur"

---

[78] Schalk (1980), 20.
[79] Oskar Roth: *Die Gesellschaft der ‚Honnêtes Gens' – Zur sozialethischen Grundlage des ‚honnêteté'-Ideals bei La Rochefoucauld*, Heidelberg 1981, 71.
[80] Roth (1981), 76.

einander gegenübergestellt und somit die intuitiven Erkenntnisfähigkeiten des Herzens über jene des Verstandes stellt: „L'esprit est toujours le dupe du cœur."[81]

Gleich im Anschluss in der zweiten Maxime erwähnt la Rochefoucauld die Eigenliebe: „L'amour-propre est le plus grand de tous les flatteurs"[82] und „l'amour-propre est plus habile que le plus habile homme du monde" (M. 4). Dass der Maximenautor die Eigenliebe als Antrieb jeglichen menschlichen Handelns sieht und seinen Maximen die These von der Falschheit der Tugenden zugrunde legt, ist nicht nur zur Genüge durch die Sekundärliteratur belegt, allein das Motto seines Werks bringt dies treffend zum Ausdruck: „Nos vertus ne sont, le plus souvent, que des vices déguisés."[83] Welche psychischen Mechanismen nun aber genau auf den *amour-propre* zurückgeführt werden können, soll im Folgenden anhand von Dieter Stelands[84] Untersuchungen zu diesem Phänomen geklärt werden.

Ausgehend von der Maxime 213 über die Tapferkeit - „L'amour de la gloire, la crainte de la honte, le dessein de faire fortune, le désir de rendre notre vie commode et agréable, et l'envie d'abaisser les autres, sont souvent les causes de cette valeur si célèbre parmi les hommes" - unterteilt Steland den *amour-propre* in drei verschiedene Antriebe: Den Geltungsdrang, den Egoismus und den Machttrieb. Aus der Maxime ergibt sich, dass als Motivationsträger für tapferes Handeln einerseits die „Ruhmsucht" und andererseits „die Furcht vor Schande" angesehen werden können, welche also den Geltungsdrang des Menschen widerspiegeln. Wenn daraufhin von „Karrieredenken" und „Bequemlichkeitsstreben" die Rede ist, kann man dies als eine „überwertige Form des Selbsterhaltungstriebs"[85] verstehen. Der zuletzt genannte Impuls, welcher durch die Aussage „l'envie d'abaisser les autres" zum Ausdruck kommt, übersteigt das Streben nach materieller Daseinserhaltung und lebt von der Tendenz, seine Mitmenschen herabzuwürdigen und dominieren zu wollen.

Jede einzelne dieser drei Motivationsarten ist Inhalt einer Gruppe von Maximen und kann anhand von weiteren Beispielen belegt werden. So ist beispielsweise neben der Tapferkeit auch die Tugend der Mäßigung auf den Geltungsdrang des Menschen zurückzuführen, indem sie einzig und allein das allgemeine „Angesehenseinwollen"

---

[81] Roth (1981), 75.
[82] La Rochefoucauld (1964). Im Folgenden werden die Maximenangaben direkt im Text vorgenommen.
[83] Margot Kruse: *Die französischen Moralisten des 17. Jahrhunderts*, in: *Neues Handbuch der Literaturwissenschaft*, hrsg. von Klaus von See, Band 10, 284.
[84] Steland (1985), 13ff.
[85] Steland (1985), 21.

anstrebt[86]: „La modération est une crainte de tomber dans l'envie et dans le mépris que méritent ceux qui s'enivrent de leur bonheur." (M. 18)

Ferner spricht der Maximenautor von einem „intérêt de gloire"[87], welches beispielsweise in der Maxime 149 zum Ausdruck kommt: „Le refus des louanges est un désir d'être loué deux fois." Außerdem wird dies in der Maxime 144 hervorgehoben, wenn die Absicht eines Lobes lediglich darin liegt, im Gegenzug wegen seines eigenen Urteils geehrt zu werden, das heißt man lobt „pour faire remarquer son équité et son discernement."

Aus dem sehr häufig in den Maximen angesprochenen Egoismus ist La Rochefoucauld zufolge nicht nur die Tugend der Gerechtigkeit abzuleiten, denn man tadelt Ungerechtigkeit „non pas par l'aversion que l'on a pour elle, mais pour le préjudice que l'on en reçoit" (M. 580), sondern er spricht in diesem Zusammenhang zudem von der Entlarvung der Freundschaft. So heißt es in der Maxime 83: „Ce que les hommes ont nommé l'amitié n'est qu'une société, qu'un ménagement réciproque d'intérêts, et qu'un échange de bons offices ; ce n'est enfin qu'un commerce où l'amour-propre se propose toujours quelque chose à gagner."

Über den Machttrieb als dritten wichtigen Typus der Eigenliebe gibt die Maxime 254 Aufschluss: „L'humilité n'est souvent qu'une feinte soumission, dont on se sert pour soumettre les autres ; c'est un artifice de l'orgueil qui s'abaisse pour s'élever." Hier wird die Demut entlarvt und als Mittel hingestellt, um andere Menschen dem eigenen Machtbereich zu unterwerfen. Auch wenn man sich als unterworfen gibt, setzt man das eigene Selbst als maßgebende Wirkungsinstanz der Umwelt entgegen und sieht diese in Abhängigkeit vom eigenen Selbst.

Auch Tugenden wie Aufrichtigkeit, Zuverlässigkeit und Wohltat erweisen sich als verkappte Laster, denn sie haben es für gewöhnlich darauf abgesehen, eine Vertrauensbasis zu schaffen, welche dann später zu den eigenen Gunsten ausgenutzt werden kann.[88]

Zusätzlich zu der genannten Trias von Handlungsantrieben schreibt La Rochefoucauld der Eigenliebe noch eine andere Funktion zu, welche Steland als „Selbstaufwertungstendenz"[89] anführt. Dies bedeutet, dass der Begriff der Eigenliebe hier zudem eine innere Disposition beinhaltet, mit Hilfe derer man sich ein positives Selbstbild aufbaut

---

[86] Steland (1985), 22.
[87] Steland (1985), 23.
[88] Vgl. Maxime 62, 247, 229.
[89] Steland (1985), 26.

und ständig neu bestärkt, sodass die wahren Motive der Scheintugenden dem Bewusstsein entzogen werden. Dies besagt unter anderem folgende Maxime: „Nous sommes préoccupés de telle sorte en notre faveur que ce que nous prenons souvent pour des vertus n'est en effet qu'un nombre de vices qui leur ressemblent, et que l'orgueil et l'amour-propre nous ont déguisés."[90] Somit weist der *amour-propre* eine „Doppelfunktion" auf, die darin besteht, dass er einmal der wahre Antrieb von Scheintugenden ist und zugleich ein „Blendinstrument der Seele".[91]

Wird nun dieser Selbstaufwertungstrieb nicht nur auf das eigene Selbst bezogen, sondern in einen mitmenschlichen Kontext gerückt, in welchem auch der Partner von Bedeutung ist, so kommt das von Steland bezeichnete „partnerabhängige Selbstwertgefühl"[92] zum Tragen. Eine große Rolle spielt in diesem Zusammenhang das Überlegenheitsbedürfnis, welches im Hintergrund jeder Partnerbeziehung lauert, auch in besten Freundschaftsbeziehungen, und als Grund für das so häufig auftretende „Ressentiment" angesehen werden kann. Es beinhaltet, dass das Ich seinem Partner eigentlich Wertschätzung und Sympathie entgegen bringen müsste, es aber stattdessen mit Hass und dem unlogischen Affekt der Antipathie erfüllt ist. Dem Grund für einen solchen Affekt ist Nietzsche nachgegangen. Er schlussfolgert, dass dieser Affekt in einem Unterlegenheitsgefühl und daraus resultierenden geminderten Selbstwertgefühl zu begründen sei.[93] Die Maximen 294 und 296 geben darüber Auskunft: „Nous aimons toujours ceux qui nous admirent, et nous n'aimons pas toujours ceux que nous admirons" sowie „Il est difficile d'aimer ceux que nous n'estimons point, mais il ne l'est pas moins d'aimer ceux que nous estimons beaucoup plus que nous."

Ein anderes Phänomen, für welches das Ressentiment verantwortlich ist, ist die durch Neid hervorgerufene Verachtung einer Person und das damit einhergehende Entwerten dessen, was verachtet wird, um seinem Bewusstsein Befriedigung zu verschaffen. Ein Beispiel ist der Hass gegenüber dem Reichtum, welchen La Rochefoucauld wie folgt klassifiziert: „Le mépris des richesses était dans les philosophes un désir caché de venger leur mérite de l'injustice de la fortune par le mépris des mêmes biens dont elle les privait […]." (M. 54)

Wird das oben angesprochene Überlegenheitsbedürfnis befriedigt, so bedeutet es Genugtuung und somit ein gestärktes Selbstwertgefühl. Als Beispiel der Befriedigung kann

---

[90] Steland (1985), 26.
[91] Jürgen von Stackelberg: *Französische Moralistik im europäischen Kontext*, Darmstadt 1982, 131.
[92] Steland (1985), 29.
[93] Steland (1985), 29.

die geheime Empfindung der Freude über das Unglück eines Freundes angeführt werden, welcher zuvor stets als Rivale galt.[94]

Hinsichtlich des geminderten Selbstwertgefühls besagt die Maxime 331: „Il est plus difficile d'être fidèle à sa maîtresse quand on est heureux que quand on est maltraité", das heißt unerwiderte Liebe bindet an den Partner und kann somit als Antrieb zur Treue gesehen werden. Demzufolge lässt sich festhalten, dass laut La Rochefoucauld sowohl das gehobene als auch das geminderte Selbstwertgefühl - unter Ausschaltung unseres vernunftbestimmten Wollens - zu moralischem Handeln anspornen kann.[95]

Ein weiterer relevanter Punkt ist La Rochefoucaulds Darstellung der Liebe. Es fällt auf, dass der Maximenautor sich im Gegensatz zur höfisch-galanten Liebesdoktrin, in welcher die Liebe rationalisiert und moralisiert wird, keiner vorgegebenen theoretischen Position anpasst, sondern die Liebe aus der Perspektive des Erlebenden aufzeigt.[96] Er stellt die Liebe nicht durch zielstrebige Handlungen dar, sondern definiert sie durch andere Affekte, wie beispielsweise Hoffnung, Eifersucht, Angst und Hass. Daher erfährt der Liebende den Zustand der Liebe als eine zwischenmenschliche Abhängigkeit, in welcher er sich an eine Person gebunden fühlt, deren Gefühle jedoch nicht klar zu erkennen vermag und deshalb ein Desinteresse des Gegenübers befürchtet, doch gleichzeitig auf Gegenliebe hofft.[97] Nicht nur die Hoffnung, auch die Angst gehört zum Wesen der Liebe: „L'amour, aussi bien que le feu, ne peut subsister sans un mouvement continuel, et il cesse de vivre dès qu'il cesse d'espérer ou de craindre." (M. 75)

Hinzu kommt, dass der Liebende über seine eigenen Gefühle nicht klar und eindeutig urteilen kann, da es ihm an Selbsterkenntnis mangelt: „La plupart des hommes ont, comme les plantes, des propriétés cachées que le hasard fait découvrir." (M. 344)

Das Leiden über die Ungewissheit in bezug auf die geliebte Person verbindet die Eifersucht mit der Liebe: „La jalousie est, en quelque manière, juste et raisonnable, puisqu'elle ne tend qu'à conserver un bien qui nous appartient ou que nous croyons nous appartenir, au lieu que l'envie est une fureur qui ne peut souffrir le bien des autres." (M. 28)

Der Hass, welcher ebenfalls eine Begleiterscheinung der Liebe darstellt, bringt den Konflikt des Liebenden noch deutlicher zum Ausdruck: Fühlt er sich einerseits an die geliebte Person gebunden ohne bekanntlich zu wissen warum, möchte er jedoch ande-

---

[94] Steland (1985), 32.
[95] Steland (1985), 33.
[96] Liane Ansmann: *La Rochefoucauld und die Tradition der Affektenlehre*, Kiel 1969, 165.
[97] Ansmann (1969), 169.

rerseits wegen dieser Unbegreiflichkeit der anderen Person und auch der eigenen Gefühle diese Bindung ablehnen. Durch die Affektbedingtheit seines eigenen Willens ist der Liebende nicht in der Lage seiner Liebe zu entsagen und fühlt sich infolgedessen in seiner Freiheit begrenzt. Der daraus entstehende Hass ist La Rochefoucauld zufolge Ausdruck der Liebe - eine Reaktion gegen jenes Gefühl der Ungewissheit und Begrenzung: „Plus on aime une maîtresse, et plus on est prêt de la haïr." (M. 111)

Wie zu Beginn des Kapitels gezeigt wurde, ist La Rochefoucauld der Ansicht, dass die Eigenliebe jeglichen Antrieb menschlichen Handelns darstellt. Dadurch ergibt sich, dass diese auch im Zusammenhang mit der Liebesdarstellung von Bedeutung sein muss. La Rochefoucauld bringt die Eigenliebe mit ein, indem er sich die Frage stellt, auf welche Weise wir selbst in unserem Selbstwertgefühl betroffen seien, wenn wir auf das Verhalten anderer Personen reagierten. Seine Antwort lautet, die affektischen Reaktionen auf andere Personen seien nichts anderes als eine Störung des Verhältnisses zu uns selbst und somit „eine Verletzung der Eigenliebe"[98]. Er geht soweit zu behaupten: „les passions ne sont que les divers goûts de l'amour-propre" (M. 531)[99], was bezüglich des Affektes der Liebe die Frage aufwirft, ob wir in Wahrheit überhaupt wissen können, wem genau unsere Liebe gilt, der anderen Person oder uns selbst.[100] Festzuhalten bleibt, dass das Selbstverhältnis eines jeden Menschen dafür verantwortlich ist, wie dieser sich seiner Umwelt gegenüber verhält, abhängig davon, ob er sich in seinem Selbstverständnis von einer anderen Person in Frage gestellt fühlt oder nicht.[101] Folglich ist die Eigenliebe Voraussetzung für die Möglichkeit, verschiedene Affekte zu erfahren, unter anderem auch den *amour-passion*.

2.3.2 La Bruyère und Vauvenargues

Da La Rochefoucauld ganz klar die größte Bedeutung hinsichtlich Stendhals Schaffen zukommt, sollen im Folgenden lediglich die für die Romananalyse relevanten Grundtendenzen seiner beiden Nachfolger La Bruyère und Vauvenargues skizziert werden.

Mit La Bruyère kann ein Moralist aufgezeigt werden, welcher nicht nur die neuartige Ausdrucksform des Portraits mitbringt, sondern neben der allgemeinen Natur des Menschen mitsamt seinen Verhaltensmotiven auch die Wirkung der materiellen Verhältnisse

---

[98] Ansmann (1969), 183.
[99] La Rochefoucauld, 479.
[100] Dies verdeutlicht La Rochefoucauld in der Maxime 262: „Il n'y a point de passion où l'amour-propre règne si puissamment que dans l'amour, et on est toujours plus disposé à sacrifier le repos ce qu'on aime qu'á perdre le sien."
[101] Ansmann (1969), 243.

auf den Charakter des Menschen sichtbar macht.[102] In seinem Werk *Les Caractères de Théophraste, traduits du grec, avec les Caractères ou les Moeurs de ce siècle* bereichert La Bruyère die Theoprastschen „Charaktere" um die Darstellung sozialer Typen der eigenen Zeit und entwirft auf diese Weise ein satirisches Porträt der Gesellschaft am Ausgang des klassischen Jahrhunderts. Man kann angelehnt an von Stackelberg behaupten, dass sich die Moralistik mit La Bruyère offensichtlich auf den Weg zur Sozialkritik begibt.[103] Genau wie sein Vorgänger La Rochefoucauld ist auch La Bruyère der Meinung, der Mensch sei selbstbezogen und von Geltungsdrang und Eigenliebe bestimmt, aber dennoch ist seine Wertorientierung von bürgerlicher Natur. Das heißt, dass bei La Bruyère auch eigener Verdienst, Mitgefühl, natürliche Sensibilität und gesellschaftliche Nützlichkeit zum moralistischen Leitbild gehören[104], wohingegen bei seinem Vorläufer die Wertschätzung in der Welt noch Grundvoraussetzung für die Autonomie des Menschen ist. Somit leitet La Bruyère den Gegensatz von individuell erbrachter Leistung und gesellschaftlichem Schein, welcher das Hauptinteresse der Moralisten des 18. Jahrhunderts darstellt, bereits ein.

Vauvenargues nimmt La Rochefoucaulds aphoristische Darstellungsform als Muster, um entweder in ihrer Umdeutung oder Widerlegung, eigene Erfahrungen darzustellen. In seinen *Réflexions et Maximes* zeigt sich deutlich der Gegensatz zu den Gedanken La Rochefoucaulds, denn seine Ehrenrettung der menschlichen Natur sowie des *amour-propre* zeugt von einer optimistischen Grundeinstellung Vauvenargues'. Ruhm und Tugend sind für diesen Moralisten keine verkappten Laster, sondern Formen der *activité*, welche in seinem Werk als universales Prinzip eine große Rolle spielt. Es handelt sich bei diesem Wort ganz einfach um die Tätigkeit schlechthin, welche das sittlich-soziale Handeln, die Beziehungen der Menschen untereinander und überhaupt das Zusammenleben der Menschen in der Gesellschaft bestimmt.[105] Tätigsein und Wirken sind für ihn oberstes Gebot und mit dem Leben selbst gleichzusetzen (M. 594): „Qui condamne l'activité, condamne la fécondité. Agir n'est autre chose que produire ; […]. Plus nous agissons, plus nous produisons, plus nous vivons, […]."[106] Damit meint er nicht ausschließlich praktisches Handeln, sondern vor allem das fördernde Prinzip im

---

[102] Kruse, *Die französischen Moralisten des 17. Jahrhunderts*, 296.
[103] Von Stackelberg (1982), 169.
[104] Roth (1981), 83.
[105] Hans Rabow: *Romanische Studien. Die zehn Schaffensjahre des Vauvenargues 1737-1747 dargestellt auf Grund seiner brieflichen und aphoristischen Äußerungen*, Berlin 1932, 113.
[106] Vauvenargues: *Oeuvres Complètes. Préface et notes de Henry Bonnier*, Paris 1968, 462.

Geistigen, anders ausgedrückt die *réflexion*. Ihre Wirkung vollzieht die *réflexion* beziehungsweise die *activité* in der Region des *âme*, das heißt in der menschlichen Seele.

Des Weiteren richtet sich Vauvenargues in seinen Maximen gegen seine beiden Vorgänger, indem er den Leidenschaften eine positive Akzentuierung verschafft und diese für die Kreativität des Menschen verantwortlich macht.[107] In einem Brief an Mirabeau schreibt er: „[...] une vie sans passions rassemble bien à la mort, et je compare un homme sans passions à un livre de raisonnements : il n'est bon qu'à ceux qui le lisent ; il n'a pas la vie en lui, il ne sent point, il ne jouit de rien, pas même de ses pensées."[108] Ganz in diesem Sinne bewertet Vauvenargues das „Herz" des Menschen positiv, aus welchem nämlich das wahre Gefühl entspringt, mit Hilfe dessen der Mensch zur Erkenntnis gelangen kann: „Il n'y a de vrai et de solide esprit que celui qui prend sa source dans le cœur." (M. 477)

Resümierend lässt sich festhalten, dass sowohl La Rochefoucauld als auch La Bruyère mit ihrer negativen Anthropologie eine skeptische Einschätzung des Menschen hervorbringen, wohingegen Vauvenargues versucht, die Gegensätzlichkeiten des menschlichen Seins auf positive Art und Weise zu beschreiben. Wo Letzterer die Leidenschaften als Energiequelle sieht und jegliches Handeln des Menschen auf sein Prinzip der „activité" zurückführt, ist La Rochefoucauld der Überzeugung, der Mensch sei von seiner Eigenliebe durchtrieben, welche sogar in der Liebe als konstanter Faktor und sogar als dessen Ursprung bestehen bleibe. Auch bei La Bruyère treffen wir auf eine pessimistische Sicht, wenn auch nicht ganz so allgemeingültig wie bei seinem Vorläufer. Auch er urteilt über den eigennützigen und geltungssüchtigen Menschen, wobei er jedoch in der Liebespsychologie eher überholte Themen aufgreift. Eine wichtige Neuerung besteht bei diesem eher in der Portraitzeichnung und dem Einbezug einiger Charakter deformierender Einflüsse der Gesellschaft.

Im Kontext dieser Studie ist wichtig, dass allen drei aufgezeigten Moralisten eine Vorbildfunktion für Stendhals literarisches Schaffen eingeräumt werden kann. Auch bei ihm kommt in den drei hier zu analysierenden Romanen das Thema der Eigenliebe zum Tragen. Genau wie im Erstlingsroman Octaves Eigenliebe Antrieb zum Selbstmord ist - er würde es nicht ertragen, Armance über seine Impotenz aufzuklären - so stoßen wir auch bei Julien Sorel in *Le Rouge et le Noir* auf einen Helden, welcher in jeglicher

---

[107] Daniel Acke: *Vauvenargues Moraliste. La synthèse impossible de l'idée de nature et de la pensée de la diversité*, Hallstadt (1993), 355.
[108] Vauvenargues (1968), 520.

Hinsicht egoistische Interessen verfolgt. Lucien Leuwen reiht sich ein in die Gruppe seiner Vorgänger, indem er sich ebenfalls aus Eitelkeit der völligen Selbstkontrolle hingibt und sich somit gegen die wahre Liebe sperrt.

Die Kraft der Leidenschaften - insbesondere des *amour-passion* - sieht Stendhal in der Energie begründet, welche sich in ihnen verwirklicht. Dies bringt ihn in unmittelbare Nähe zu Vauvenargues, welcher, wie wir sahen, auch von einer Dynamik der Leidenschaften ausgeht.

Zu guter Letzt sei noch der Einfluss La Bruyères auf Stendhals Werk erwähnt, welcher in der Annahme einer Beeinflussung des menschlichen Charakters durch bestimmte Faktoren, wie beispielsweise das ihn umgebende Milieu oder seine „humeurs" liegt. Dies kommt nicht nur in Stendhals Romanen zum Ausdruck, sondern auch in seinem Traktat *De l'Amour*. (AM 149-151)

2.4 Helvétius als sensualistisches Vorbild

Es genügt, einen kurzen Blick in Stendhals Tagebücher oder Korrespondenzen zu werfen, um auf den Namen des Philosophen Helvétius zu stoßen. Dieser 1715 in Paris geborene Vertreter der französischen Aufklärung und Anhänger des Sensualismus geht davon aus, dass jede Erkenntnis aus sinnlichen Erlebnissen und aus den Empfindungen abgeleitet werden kann und ist daher der Meinung: „Jede geistige Tätigkeit entwickelt sich aus der physischen Empfindungsfähigkeit"[109]. In seinem 1758 erschienenen Werk *De l'Esprit* verkündet er, der Mensch werde durch die Umweltgegebenheiten determiniert und liefert sich damit großer Kritik aus.[110]

Auch wenn Stendhal Zeit seines Lebens einen Kampf zwischen Gefühl und Vernunft geführt hat und daher zwischen den beiden bedeutenden Strömungen der „sensibilité" à la Rousseau und dem Sensualismus oder Rationalismus des 18. Jahrhunderts nach Locke, Hobbes und vor allem Helvétius steht[111], so stellt Victor del Litto nachdrücklich fest: „La base de tout cet édifice reste, bien entendu, Helvétius."[112] Es sollen im Folgenden kurz die für das Thema dieser Studie relevanten Gesichtspunkte, welche Stendhal von Helvétius übernimmt, dargelegt werden. Zuvor erwähnenswert ist, dass Stendhal durchaus auch Kritik an Helvétius' Ideen äußert, so beispielsweise an seiner mangelnden Fähigkeit, wahre Liebe zu verstehen: „Voyez l'analyse de l'amour par Helvétius ; je

---

[109] Ursula Schmid: *Zur Konzeption des « homme supérieur » bei Stendhal und Balzac – Mit einem Ausblick auf Alexandre Dumas père*, Frankfurt am Main 1991, 17.
[110] Schmid (1991), 17.
[111] Schmid (1991), 18.
[112] Del Litto (1997), 1/1.

parierais qu'il sentait ainsi, et il écrivait pour la majorité des hommes. Ces gens-là ne sont guère susceptibles de *l'amour-passion*." (AM 329)

Ein Autor, welcher sich ausgiebig mit dem Verhältnis zwischen Stendhal und Helvétius beschäftigt hat, ist Jules Alciatore. Er behauptet, Stendhal habe in erster Linie die Impulse menschlichen Handelns bei Helvétius studiert und zu erkennen gelernt, um diese später ins Zentrum seines Schaffens zu stellen.[113] Ferner ist der Einfluss des Sensualisten in Stendhals Verständnis von Leidenschaft und der menschlichen Natur im Allgemeinen deutlich zu erkennen. So übernimmt er beispielsweise Helvétius' Anschauung: „Dans toutes les passions, c'est toujours, affirme-t-il, le plaisir que nous recherchons ; c'est toujours la douleur que nous fuyons."[114]

Doch trotz des Einflusses der materialistischen Denkweise Helvétius' bleibt für Stendhal stets die große Übermacht des Gefühls, was sich auch in der Empfindsamkeit seiner Romanfiguren widerspiegelt.[115] Diese sind oftmals nicht in der Lage, ihre inneren Gefühlsregungen zu verstehen und den Konflikt, in welchem sie mit sich selbst stehen, zu lösen. Um diese gefühlsbetonte Seite sowohl seiner selbst als auch seiner Protagonisten in einem gewissen Maße im Zaum halten zu können, schenkt Stendhal dem logischen Denken des Sensualismus großes Interesse. Ursula Schmid bemerkt zu Recht: „So stehen sich bei unserem Autor [Stendhal] Vernunft, Logik und Analyse auf der einen Seite und Gefühl, Romantik, Empfindsamkeit auf der anderen Seite in einem stets ungesicherten Gleichgewicht gegenüber […]."[116]

Aus der Gegensätzlichkeit dieser beiden Ansätze ergibt sich für Stendhal eine ganz besondere Auffassung des Glücks, welches Friedrich als „den höchsten, aber auch seltensten Fall der Erfüllung eines beliebigen menschlichen Strebens"[117] charakterisiert. Dieses Streben kann somit auch als die Jagd nach dem Glück, das heißt als die oft zitierte „chasse au bonheur" bezeichnet werden und ist untrennbar vom Schlagwort des *Beylisme*. Letzterer bedeutet „nicht nur Energie, sondern auch Spontaneität und Individualität" und bezeichnet daher das Stendhalsche Ideal einer menschlichen Haltung.[118]

---

[113] Alciatore (1952), 128.
[114] Alciatore (1952), 218.
[115] Vgl. ARM: „[…] qu'Octave était la victime de cette sorte de sensibilité déraisonnable" (72); RN:„Madame de La Mole, quoique d'un caractère si mesuré, se moquait quelquefois de Julien. L'*imprévu* produit par la sensibilité est l'horreur des grandes dames, c'est l'antipode des convenances" (Hervorhebung durch Stendhal) (368); LL: „- Je ne vous croyais pas si sensible au ridicule, lui dit mademoiselle Théodelinde, quand madame de Chasteller eut quitté le salon" (204).
[116] Schmid (1991), 21.
[117] Friedrich (1980), 40.
[118] Klaus Heitmann: *Der französische Realismus von Stendhal bis Flaubert*, hrsg. von Leo Pollmann, Wiesbaden 1979, 32.

Diese Konzepte laufen in einer ganz besonderen Form der Menschendarstellung zusammen und werden von dem in Stendhals Werken durchgängig auftretenden „homme supérieur" verkörpert. Übersetzen kann man diesen Begriff mit dem „Ausnahmemenschen"[119], welcher folgendermaßen beschrieben werden kann:

> Vielmehr definiert es den Helden als Menschen, der sich von der ihn umgebenden Gesellschaft zwar absondert und abhebt, teilweise wohl auch eigenartige Verhaltensweisen oder Meinungen offenbart, doch wird diese Absonderung positiv gewertet. Das Anderssein des Protagonisten unterscheidet ihn von der Masse. Er wird damit zu einem außergewöhnlichen Menschen, und gehört somit einer seltenen Menschenart, einer geistigen Elite an. Absonderung ist Ausdruck von Besonderheit, die zwar ihre Nachteile mit sich bringen kann – wenn die Distanz zur Mit- und Umwelt überproportional groß wird –, zugleich impliziert diese Absonderung unschätzbare Vorteile.[120]

Bei Helvétius findet man dieses außergewöhnliche Individuum unter der Bezeichnung „esprit supérieur", welches ganz klar die große Bedeutung des Begriffes „Geist", wie er auch im Titel seines Werkes *De l'Esprit* erscheint, hervorhebt. „Esprit" bedeutet für den Sensualisten so viel wie „la faculté même de penser"[121], und er erklärt als „causes productrices de nos pensées" (DE I, 12) zum einen die „sensibilité physique", welche dem Menschen ermöglicht, bestimmte Eindrücke zu empfangen (DE I, 11), und zum anderen die „mémoire" (DE I, 12), welche als das Erinnerungsvermögen des Menschen definiert werden kann. Diese beiden Fähigkeiten wiederum statten den Menschen mit einem Urteilsvermögen aus, welches laut Helvétius als Voraussetzung gilt, ein „esprit supérieur" werden zu können (DE I, 15). Da jedem Menschen diese Fähigkeit, „esprit" zu entwickeln, von Natur aus gegeben ist und lediglich durch die Erziehung auf verschiedene Weise ausgebildet werden kann, ergibt sich für Helvétius ein Forschrittsglaube, welcher in der Annahme einer stetigen Vervollkommnung des Menschen besteht, der jedoch nicht das Glück in seinem alleinigen Vorteil sucht, sondern sich für das Allgemeinwohl der Gesellschaft einsetzt.[122] Ein Hindernis, welches sich laut des Sensualisten hier auftut und welches uns schon bei den Moralisten begegnet ist, liegt in seiner These, dass jegliches Handeln des Menschen Ausdruck seiner Eigenliebe ist.[123] Dies deckt sich mit der zuvor zitierten egoistischen Tendenz des „fuir la douleur, chercher le plaisir" und lässt somit in Übereinstimmung mit Schmid die Aussage zu, dass es nur

---

[119] Friedrich (1980), 40.
[120] Schmid (1991), 31.
[121] Helvétius: *De l'Esprit (Tome I-IV)*, Paris 1885, I, 11. Die folgenden Angaben aus diesem Werk werden unter der Abkürzung DE und der entsprechenden Band- und Seitenangabe direkt im Text vorgenommen.
[122] Schmid (1991), 22f.
[123] Vgl. DE: „En effet, si le désir du plaisir est le principe de toutes nos pensées et toutes nos actions, si tous les hommes tendent continuellement vers leur bonheur réel ou apparent, toutes nos volontés ne sont donc que l'effet de cette tendance", I, 38. Außerdem betont Alciatore (1952) in diesem Zusammenhang: „L'intérêt personnel, ou l'amour de soi, est la base sur laquelle repose tout le système d'Helvétius", 162.

wenige dieser Ausnahme-Individuen geben kann, welche ihren *amour de soi* nicht dazu einsetzen, ihrem eigenen *intérêt*, sondern denen des Gemeinwohls zu folgen.[124]

Ausschlaggebend für die Empfindungsfähigkeit und das Erinnerungsvermögen und somit für das Erlangen der „supériorité" sind laut Helvétius wiederum die „starken Leidenschaften": „[…] ce sont uniquement les passions fortes qui font exécuter ces actions courageuses et concevoir ces idées grandes qui sont l'étonnement et l'admiration de tous les siècles." (DE II, 101)

Ihnen allen ist gemein, dass sie die Anlage besitzen, den Menschen aus seiner angeborenen Faulheit herauszureißen und ihm somit die Chance geben, ein „esprit supérieur" zu werden:

> […] c'est en tout genre que les passions doivent être regardées comme le germe productif de l'esprit : ce sont elles qui, entretenant une perpétuelle fermentation dans nos idées, fécondent en nous ces mêmes idées, qui, stériles dans des âmes froides, seraient semblables à la semence jetée sur la pierre (DE II, 106).

Letztlich können die starken Leidenschaften als Steigerung eines starken Wunsches oder einer starken Begierde angesehen werden:

> On est animé de ces passions, lorsqu'un désir seul règne dans notre âme, y commande impérieusement à des désirs subordonnés. Quiconque cède successivement à des désirs différents, se trompe s'il se croit passionné ; il prend en lui des goûts pour des passions (DE IV, 7).

Die Stärkste unter den Leidenschaften ist für den Sensualisten die „passion ardente pour la gloire" (DE II, 115). Des Ruhmes willen nehme der Mensch außergewöhnliche Anstrengungen und Gefahren auf sich[125] und erlange somit geistige Überlegenheit. Dies formuliert Helvétius in seinem zweiten Werk *De l'Homme*: „C'est du moment ou l'amour de la gloire se fait sentir à l'homme et se dévelope en lui, qu'on peut dater les progrès de son esprit."[126]

Auch wenn Stendhal sich generell bei seinem „culte des passions"[127] auf Helvétius bezieht, können wir einen Unterschied zwischen beiden ausmachen: Bei Ersterem ist die stärkste Leidenschaft zweifellos der *amour-passion* und nicht der *amour pour la gloire*.

---

[124] Schmid (1991), 24. Dennoch läßt sich diese Aussage mit Alciatore (1952) in einem gewissen Maße relativieren: „L'utilité publique ou l'intérêt général est donc la seule mesure de la vertu des actions humaines. L'homme suivra toujours son intérêt, mais si les actions que cet intérêt lui dictent ne sont contraires à l'intérêt général ou si elles lui sont favorables, sa conduite n'a rien de blâmable", 165ff. Und etwas später: „[…], c'est à Helvétius que Stendhal emprunte l'idée que, dans des circonstances analogues à celles qui existaient quand Napoléon commençait à se faire son nom, l'intérêt personnel était lié à l'intérêt général : en travaillant à sa gloire, Bonaparte servait aussi sa patrie", 186. Somit ist eigennütziges Handeln, welches auch positive Auswirkungen für das Gemeinwohl hat, nichts Verwerfliches.
[125] Vgl. DE: „Ce sont, en effet, les passions seules qui, portées à ce degre de force, peuvent exécuter les plus grandes actions, et braver les dangers, la douleur, la mort et le ciel même", II, 102.
[126] Helvétius: *De l'Homme*, zitiert nach: Schmid (1991), 120.
[127] Alciatore (1952), 218.

Bezüglich des *amour-passion* kommt es bei beiden Autoren, wie oben bereits angedeutet wurde, sogar zu sehr verschiedenen Grundansichten. Wo der Sensualist die wahre Liebe als egoistisches Bedürfnis hinstellt - „Aimer, c'est avoir besoin" (DE III, 16) - ist diese für Stendhal ein kompliziertes Unterfangen, bei dem sowohl die Gefühle als auch der Geist beteiligt sind. Eine detaillierte Analyse der Stendhalschen Liebeskonzeption folgt im Kapitel 2.6.

Abschließend kann man festhalten, dass also jene Bedeutung, welche Helvétius dem Ehrgefühl beimisst, Stendhal der wahren Liebe schenkt. Einig sind sich der Sensualist und der Romancier allerdings in der Vorstellung vom Glück, welches für sie nicht in der dauerhaften Erfüllung von Wünschen zu finden sein kann, sondern eher in einem von Leidenschaften geprägten Leben, in welchem immer wieder neue erstrebenswerte Ziele auftauchen. Da laut Stendhal ein langjähriges Glück zwangsläufig zu der vom Autor verabscheuten Langeweile führen würde, gewährt er seinen „hommes et femmes supérieurs" nur kurze glückliche Momente. Wie sich dies im Romanwerk niederschlägt, und wie sich allgemein die hier erarbeiteten Einflüsse seitens Helvétius' bei Stendhal wiederfinden, wird im Hauptteil dieser Studie zu klären zu sein.

2.5 Der Stendhalsche Realismus: Die Spiegelmetapher

Über den Stendhalschen Realismus, welchem ausgehend von der berühmten Spiegelmetapher große Aufmerksamkeit geschenkt wurde, ist man in der Sekundärliteratur verschiedener Meinung.[128] Außer Frage steht, dass Stendhals Absicht - wie er im zweiten Vorwort zu *Lucien Leuwen* selbst äußert - darin besteht, „de peindre les habitudes de la société actuelle" (LL 24), welches den Schluss zulässt, seine Romane als „Zeitdokument[e]"[129] zu betrachten. Dies unterstreichen zudem die Untertitel seiner beiden ersten Romane *Chronique du 1830* und *quelques scènes d'un salon de Paris en 1827* sowie eine Passage aus dem von Stendhal selbst verfassten *Projet d'un article non publié sur le Rouge et le Noir*: „Il a osé peindre l'amour de Paris. Personne ne l'avait tenté avant lui. Personne non plus n'avait peint avec quelques soins les mœurs données aux Fran-

---

[128] Warning bezeichnet die Spiegelmetapher als den „Fixpunkt aller Realismus-Diskussion" (Rainer Warning: *Mimesis als Mimikry: Die ‚Realisten' vor dem Spiegel*, in: Rainer Warning: *Die Phantasie der Realisten*, München 1999, 19.

[129] Dethloff (1997), 81. Diese These vertritt auch Auerbach: „Die Charaktere, Haltungen und Verhältnisse der handelnden Personen sind also aufs engste mit den zeitgeschichtlichen Umständen verknüpft; zeitgeschichtliche politische und soziale Bedingungen nehmen in einer so genaue und reale Weise in die Handlung verwoben, wie dies in keinem früheren Roman, ja in keinem literarischen Kunstwerk überhaupt der Fall war" (Erich Auerbach: *Mimesis. Dargestellte Wirklichkeit in der abendländischen Literatur*, Bern 1946, 425)

çais par les divers gouvernements qui ont pesé sur eux pendant le premier tiers du XIXe siècle."[130]

Die Meinungen bezüglich des Stendhalschen Realismus teilen sich jedoch, wenn es um eine nähere Betrachtung der im 19. Kapitel des zweiten Buches von *Le Rouge et le Noir* auftretenden Spiegelmetapher geht:

> Hé, monsieur, un roman est un miroir qui se promène sur une grande route. Tantôt il reflète à vos yeux l'azur des cieux, tantôt la fange des bourbiers de la route. Et l'homme qui porte le miroir dans sa hotte sera par vous accusé d'être immoral ! Son miroir montre la fange, et vous accusez le miroir ! Accusez bien plutôt le grand chemin où est le bourbier, et plus encore l'inspecteur des routes qui laisse l'eau croupir et le bourbier se former (RN 479).

Auf der einen Seite stehen jene Autoren, welche Stendhals Romanästhetik in einer mimetischen Wirklichkeitsspiegelung sehen, die mal das Schöne und mal das Hässliche abbildet, das heißt mal „das Blau des Himmels, mal den Schlamm der Drecklöcher auf der Straße".[131] Dies erscheint zunächst plausibel, wenn man die Spiegelmetapher außerhalb ihres Kontextes betrachtet und stimmt außerdem mit dem allgemeinen Begriff des Realismus überein, welcher laut Heitmann „die gesamte Wirklichkeit, und gerade auch die niedere erfassen will."[132] Auf der anderen Seite jedoch verliert diese Sichtweise an Ausschließlichkeit, wenn die Spiegelmetapher in ihrem textuellen Zusammenhang gesehen wird. Schon die Aufforderung des Erzählers, ihn nicht wegen unmoralischer Darstellungen zu beschuldigen, lässt die Passage eher als Entschuldigung erscheinen und lenkt von der eigentlichen Spiegelfunktion ab. Zaiser und Warning betonen diesbezüglich, dass es Stendhal gar nicht so sehr um eine Wirklichkeitsspiegelung geht, sondern eher darum, die Imagination zu betonen. Wo Ersterer von einer „ambivalenten Mimesis"[133] ausgeht, spricht Letzterer von einem Spiegel, welcher nur Fiktion widerspiegelt[134]. Aufschlussreich ist in diesem Zusammenhang ein Abschnitt, welcher jenem der Spiegelmetapher vorausgeht. Hier mischt sich der Erzähler in das Geschehen ein, um die „mouvements de folie qui dégradent le caractère de Mathilde" (RN 478ff) zu entschuldigen: „Ce personnage est tout à fait d'imagination, et même imaginé bien en dehors des habitudes sociales qui, parmi tous les siècles, assureront un rang si distingué

---

[130] *Projet d'un article non publié sur le Rouge et le Noir*, in: Stendhal: *Le Rouge et le Noir. Chronique du XIXe Siècle*, Éditions Gallimard 2000, 742. Im Folgenden werden die Angaben aus diesem Werk unter der Abkürzung RN und der entsprechenden Seitenzahl direkt im Text vorgenommen.
[131] Auch eine Aussage Stendhals im Vorwort zu ARM deutet auf eine solche Wirklichkeitsspiegelung hin: „En attendant, nous sollicitons un peu de l'indulgence que l'on a montrée aux auteurs de la comédie des Trois Quartiers. Ils ont présenté un miroir au public ; est-ce leur faute si des gens laids ont passé devant ce miroir ?" (47)
[132] Heitmann (1979), 7. Vgl. hierzu auch Dethloff (1997), 43ff.
[133] Rainer Zaiser: *Stendhals Poetik der Ambivalenz: Zur Konstituierung einer Erzählfigur der nachromantischen Moderne*, Köln 2002, in: *Romanistisches Jahrbuch 53*, Berlin 2003 (S. 179-210), 179ff.
[134] Warning (1999), 20.

à la civilisation du XIXe siècle." (RN 479) Mit dieser Entschuldigung stellt der Erzähler den Charakter Mathildes also als ein Produkt der Imagination hin, sodass diese ganz offensichtlich in einen Gegensatz zur vermeintlich realistischen Abbildung der Wirklichkeit tritt, und überdies erklärt er ihre Person wenig später als „impossible" in dieser Zeit. Er schließt seinen Kommentar mit der Aussage, dass er nun, nach dieser Feststellung, unbekümmerter fortfahren könne mit dem „récit des folies de cette aimable fille" (RN 479). Diese Aussagen sind nicht ganz frei von Ironie und Widersprüchen, da einerseits die realistische Widerspiegelungstheorie mit der Abwertung von Mathildes Charakter wieder in ein positiveres Licht gerückt wird, andererseits aber mit der Fortsetzung des Erzählens ihrer „Verrücktheiten" ihre Person eine erneute Aufwertung erfährt.[135] Außerdem wird mit der Protagonistin die Funktion des Spiegels überhaupt in Frage gestellt, da dieser die fiktive Mathilde abbildet und nicht die Realität. Somit spiegelt der Spiegel, was Stendhal vorgibt - sei es Fiktion oder Wirklichkeit.[136] Dass dabei die Imagination den Vorzug genießt, unterstreichen ferner zwei Stellungnahmen Stendhals. Zum einen in *Le Rouge et le Noir*, wo der Autor sich zu Wort meldet: „La politique au milieu des intérêts d'imagination, c'est un coup de pistolet au milieu d'un concert. Ce bruit est déchirant sans être énergique" (RN 502ff), zum anderen im Vorwort zu *Lucien Leuwen*: „Mais L'auteur pense que, excepté pour la passion du héros, un roman doit être un miroir" (LL 23). Das heißt also, dass Stendhals Vorstellung vom Roman als Spiegel der zeitgenössischen Realität mehrere Ausnahmen zulässt. Einerseits nämlich, wenn es sich um seine fiktiven Personen und die Imagination allgemein handelt. Andererseits, wenn es um die starken Leidenschaften geht.[137] Somit kann man abschließend mit Karl-Heinz Bender behaupten, dass die hier zu behandelnden Romane ein „verzerrtes Spiegelbild" der zeitgenössischen Gesellschaft liefern, durch welches die Widerspiegelung der Restaurationsgesellschaft zweifellos an Bedeutung verliert, aber dennoch nicht negiert werden kann.[138]

---

[135] Zaiser (2002), 184.

[136] Vgl. hierzu Warning (1999): „Auch Stendhal ist ein solcher Mime, und der Spiegel spiegelt nicht eine vorgegebene Realität, sondern das Spiel des Mimen selbst", 21. Auch Zaiser ist in diesem Zusammenhang der Meinung, Fiktion und Wirklichkeit stünden in keinem deckungsgleichen Abbildverhältnis zueinander und nicht dem Spiegel, sondern der Imagination könne das Primat bei der Gestaltung der Erzählwelt und der Erzählfiguren eingeräumt werden, 184.

[137] Vgl. hierzu Köhler: „Stendhal hat also gar nicht die Absicht, die Wirklichkeit so darzustellen, wie sie sich dem Auge darbietet. Er hat vielmehr verstanden, dass das *Wesen* dieser Wirklichkeit verloren geht, wenn der Autor sich an die bloße Durchschnittlichkeit ihrer Erscheinungswelt hält. […] Hinzu kommt, dass Stendhal zeit seines Lebens eine besondere Liebe zu kraftvoll leidenschaftlichen Menschen hatte" (Erich Köhler: *Vorlesungen zur Geschichte der französischen Literatur*, hrsg. von Henning Krauss und Dietmar Rieger, Stuttgart 1987, 28).

[138] Karl-Heinz Bender: *Realität und Roman. Die französische Restaurationsgesellschaft in Stendhals Le Rouge et le Noir*, in: *Zeitschrift für französische Sprache und Literatur 85*, 1975, 206.

2.6 Stendhals Liebesauffassung in *De l'Amour*
2.6.1 Die vier verschiedenen Arten der Liebe

In seinem 1822 erschienenen Traktat *De l'Amour*, dessen Entstehung mit größter Wahrscheinlichkeit biographisch zu erklären ist[139], betrachtet Stendhal die Liebe unter dem Aspekt der Echtheit. Dies ist in seiner Annahme zu begründen, dass die echten Leidenschaften mit zunehmender Eitelkeit allmählich schwinden würden.[140] Er möchte sich mit seiner Betrachtung die Schönheit vor Augen führen, durch welche die echte Liebesleidenschaft gekennzeichnet ist: „Je cherche à me rendre compte de cette passion dont tous les développements sincères ont un caractère de beauté." (AM 31)

Im Vorwort macht Stendhal zudem auf seine Vorgehensweise aufmerksam, womit er seinen selbst erhobenen Anspruch auf Wissenschaftlichkeit des Traktates hervorhebt: „Le livre qui suit explique simplement, raisonnablement, mathématiquement, pour ainsi dire, les divers sentiments qui succèdent les uns aux autres, et dont l'ensemble s'appelle la passion de l'amour." (AM 318)

Im Folgenden sollen nun die vier Arten der Liebe, welche Stendhal im weiteren Verlauf des ersten Kapitels aufführt, näher erläutert werden. Es handelt sich um den bereits angesprochenen *amour-passion*, welchem mit dem *amour goût*, dem *amour physique* und dem *amour de vanité* drei weitere Liebesmodelle gegenüberstehen. Hinsichtlich dieser Kategorisierung in vier verschiedene Arten der Liebe unterstreicht der Autor am Ende des ersten Kapitels, dass man sehr wohl auch mehrere Abarten der Liebe annehmen kann, dass dies jedoch nichts am Wahrheitsgehalt seiner Darstellung ändert:

> Au reste, au lieu de distinguer quatre amours différents, on peut fort bien admettre huit ou dix nuances. Il y a peut-être autant de façons de voir, mais ces différences dans la nomenclature ne changent rien aux raisonnements qui suivent. Tous les amours qu'on peut voir ici-bas naissent, vivent et meurent, ou s'élèvent à l'immortalité, suivant les mêmes lois (AM 33).

Auch La Rochefoucauld hat sich in seinen *Réflexions ou Sentences et Maximes morales* zu den verschiedenen Formen der Liebe geäußert: „Il n'y a que d'une sorte d'amour, mais il y en a mille différentes copies." (M. 74) Da Stendhal den Maximenautor selbst an einigen Stellen im Traktat nennt, liegt die Vermutung nahe, der Romancier habe sich bezüglich seiner Annahme von nur *einer* echten Form der Liebe (*amour-passion*) von dem Moralisten inspirieren lassen.

Kommen wir nun zum *amour-passion*, für welchen Stendhal als Beispiel die portugiesische Nonne Mariana Alcoforado aus den *Lettres Portugaises* Guilleragues' nennt und

---

[139] Siehe Hierzu Robert Alter: *Stendhal. Eine Biographie*, Ullstein 1985, 193ff.
[140] Ruth Grün: *« Hommes-Copies », « Dandies » und « Fausses Passions ». Ein Beitrag zu Stendhals Kritik an der Gesellschaft*, Paris 1967, 122.

mit Erwähnung der *Héloïse* auf Rousseaus Hauptfiguren Julie d'Etange und Saint-Preux in seiner *La Nouvelle Héloïse* anspielt (AM 31). Durch diese Benennung ist für den zeitgenössischen Leser klar, dass es sich bei dem *amour-passion* um die wahre, aufrichtige Liebe handelt. Die Eigenschaften dieser Liebe unterstreicht Stendhal in der Fortsetzung des Textes durch Vergleiche mit den anderen so genannten „Pseudolieben"[141]: „[...] tandis que l'amour-passion nous emporte au travers de tous nos intérêts, l'amour goût sait toujours s'y conformer." (AM 31) Hier wird die Authentizität des *amour-passion* dem Anpassungsvermögen des *amour-goût* an eigennützige Wahrnehmungen gegenübergestellt. Weitergeführt wird diese Anschauung im Kapitel *Werther et Don Juan*, in welchem Stendhal den *amour-propre* ins Spiel bringt und dessen Mangel als Maßstab in der Bewertung der echten Liebe hinstellt. Ganz im Sinne seiner Theorie der Verfälschung der echten Liebe durch die Eigenliebe heißt es in einer Anmerkung:

> Cependant l'amour n'est une passion qu'autant qu'il faut oublier l'amour-propre. Elles se sentent donc pas complètement l'amour les femmes qui, comme L[éonore], lui demandent les plaisirs de l'orgueil. Sans s'en douter, elles sont à la même hauteur que l'homme prosaïque, objet de leur mépris, qui cherche dans l'amour, l'amour et la vanité. Elles, elles veulent l'amour et l'orgueil, mais l'amour se retire la rougeur sur le front ; c'est le plus orgueilleux des despotes : ou il est tout, ou il n'est rien (AM 235).[142]

Sobald also die Liebe die Eigenliebe vergessen macht, ist sie eine echte Leidenschaft und somit unvereinbar mit Stolz und Eitelkeit, da sie als „stolzer Despot" die alleinige Herrschaft über den Menschen fordert. Dies wird in dem Vorwurf an die Frauen deutlich, welche in der Liebe die Befriedigung ihres Stolzes suchen und sich somit auf das gleiche Niveau wie die von ihnen verachteten prosaischen Männer begeben. In ihrer gezielten Suche nach einem geeigneten Partner steht die zu erwartende Liebe in direktem Gegensatz zum *amour-passion*, welcher nämlich gerade nicht auf Berechnung beruht, sondern völlig frei ist von Verstand und Wille des Menschen. Um dies hervorzuheben, vergleicht Stendhal den *amour-passion* im fünften Kapitel mit einem Fieberanfall: „L'amour est comme la fièvre, il naît et s'éteint sans que la volonté y ait la moindre part. Voilà une des principales différences de l'amour-goût et de l'amour-passion, et l'on ne peut s'applaudir des belles qualités de ce qu'on aime, que comme un hasard heureux." (AM 42)

---

[141] Grün (1967), 126.
[142] Grün (1967), 124.

Bezüglich des schon mehrmals genannten *amour-goût*, welchen Stendhal als zweiten in seiner Schrift aufführt, ist zu sagen, dass er diese Bezeichnung synonymisch zu *galanterie* verwendet.[143] Man liest dort über ihn:

> L'amour-goût, celui qui régnait à Paris vers 1760, […]. C'est un tableau où jusqu'aux ombres, tout doit être couleur de rose, où il ne doit entrer rien de désagréable sous aucun prétexte, et sous peine de manquer d'usage, de bon ton, de délicatesse, etc. Un homme bien né sait d'avance tout les procédés qu'il doit avoir et rencontrer dans les diverses phases de cet amour ; rien n'y étant passion et imprévu, il a souvent plus de délicatesse que l'amour véritable, car il a toujours beaucoup d'esprit ; c'est une froide et jolie miniature comparée à un tableau des Carraches, […] (AM 31).

In der ironischen Beschreibung des *amour-goût* vergleicht Stendhal die „Liebe des Geschmacks" mit einer „kühlen, niedlichen Miniatur" und macht auf die Vorliebe für das idyllische, unbeschwerte Glück aufmerksam, wo nichts „Unangenehmes", welches der „Lebensart", dem „guten Ton" und dem „Feingefühl" dieser Zeit widerspricht, offen zu Tage treten darf. Auf diese Weise kritisiert der Autor die Determiniertheit dieser Liebesart durch die Gesellschaft. Es fehlt dieser nicht nur an Spontaneität, sondern überdies am „unberechenbaren Wagnis"[144], welches den *amour-passion* auszeichnet. Er unterstreicht diesen Gegensatz auch in den Fragmenten Nr. 8 und Nr. 11 des Traktates:

> Rien ne tue l'amour-goût comme les bouffées d'amour-passion dans le partner (AM 244).
> Rien d'intéressant comme la passion, c'est que tout y est imprévu, et que l'agent y est victime. Rien de plat comme l'amour-goût où tout est calcul comme dans toutes les prosaïques affaires de la vie (AM 245).

Man kann also festhalten, dass dem *amour-goût* gemäß Stendhal die Kraft der Leidenschaft sowie die schöpferische Phantasie fehlt, wodurch im Gegensatz dazu der *amour-passion* gerade zu etwas Erhabenem wird.

Die dritte von Stendhal aufgeführte Liebesform, der *amour physique*, kann als eine wesentlich unkompliziertere Liebe als die drei anderen Arten bezeichnet werden. Er schreibt dort: „A la chasse, trouver une belle et fraîche paysanne qui fuit dans le bois. Tout le monde connaît l'amour fondé sur ce genre de plaisirs ; quelque sec et malheureux que soit le caractère, on commence par là à seize ans." (AM 32)

In Übereinstimmung mit Stendhals Konzentration auf das Innere des Menschen lehnt er den *amour physique* ab, da er lediglich auf der körperlichen Ebene stattfindet. Er wird als „sec" und „malheureux" beschrieben und nimmt im Gegensatz zum „platonischen" *amour-passion* einen untergeordneten Rang ein: „Le plaisir physique, étant dans la

---

[143] Vgl. im Kapitel 40 des Traktates die Aufzählung der Liebesarten: „Amour-goût, où la galanterie" (AM 149).
[144] Grün (1967), 143.

nature, est connu de tout le monde, mais n'a qu'un rang subordonné aux yeux des âmes tendres et passionnées." (AM 32)

Er wird von den anderen Arten der Liebe abgegrenzt, indem er der unzivilisierten Bevölkerung zugesprochen wird[145] und somit einen Mangel an geistiger Tätigkeit aufweist. Dass ganz besonders der *amour-passion* geistige Vorgänge mit einschließt, wird die Ausführung über Stendhals Theorie der *cristallisation* zeigen.

Die vierte und letzte hier zu behandelnde Liebesform ist der von Stendhal bezeichnete *amour de vanité*, womit Stendhal explizit den Begriff der Eitelkeit anspricht, mit dessen Aufkommen, wie eingangs bereits erwähnt wurde, die echten Leidenschaften bedroht werden. Die ersten Zeilen seiner Schilderung dieser Liebesform lauten folgendermaßen:

> L'immense majorité des hommes, surtout en France, désire et a une femme à la mode, comme on a un joli cheval, comme chose nécessaire au luxe d'un jeune homme. La vanité plus au moins flattée, plus au moins piquée, fait naître des transports. Quelquefois il y a l'amour-physique, et encore pas toujours ; souvent il n'y a même pas le plaisir-physique. [...] Le cas le plus heureux de cette plate relation est celui où le plaisir physique est augmenté par l'habitude. Les souvenirs la font alors ressembler un peu à l'amour ; il y a la pique d'amour-propre et la tristesse quand on est quitté ; et les idées de roman vous prenant à la gorge, on croit être amoureux et mélancolique, car la vanité aspire à se croire une grande passion (AM 32).

Stendhal bringt hier die bei dieser Liebesform hervorgebrachten Gefühle zum einen mit dem Besitzerstolz eines jungen Mannes in Zusammenhang, welcher eine Frau „à la mode" genauso zu seinen Luxusgütern zählt wie sein teures Pferd. Zum anderen wird der Einfluss der Romanliteratur angesprochen, durch welche die Eitelkeit angespornt wird, sich die große Liebe einzureden. Daher sind die Menschen also keineswegs mehr in der Lage, spontane Empfindungen zu erleben, denn sie sind ganz und gar von der Mode der Gesellschaft und selbst erwählten Vorbildern abhängig. Notgedrungen entsteht auf diese Weise ein gesellschaftlicher Konkurrenzkampf, in welchem jeder einzelne auf den größtmöglichen Ruhm erpicht ist und fortan von seinem *amour-propre* angetrieben wird.

Der *amour de vanité* hat also mit der echten Leidenschaft überhaupt gar nichts gemein, kann jedoch dieser ein wenig ähnlich werden, wenn „der physische Genuss durch die Gewohnheit verstärkt wird" und somit das Gefühl aufkommt, man sei wirklich verliebt. Wenn dann bei einer Trennung die Trauer von gekränkter Eigenliebe erfüllt ist, spricht Stendhal von dem Begriff des *amour par pique*. Im obigen Zitat wird dies durch „la pique d'amour-propre" angedeutet und später im Kapitel 38 des Traktates genauer erklärt. Ruth Grün definiert diesen auf folgende Weise: „Bei dem so Gekränkten stellt

---

[145] Vgl. AM: „On ne trouve qu'un amour physique et des plus grossiers chez les peuples sauvages ou trop barbares" (86).

sich dann die Täuschung ein, als ob seine Traurigkeit über die Trennung das Zeichen einer echten Liebe sei, denn es schmeichelt wiederum seiner Eitelkeit, dass er wie die Helden der Romanliteratur eine ‚grande passion' zu empfinden vermag."[146]

Im Traktat heißt es über den *amour par pique*:

> La pique est un mouvement de la vanité ; je ne veux pas que mon antagoniste l'emporte sur moi, et *je prends cet antagoniste lui-même pour juge de mon mérite*. Je veux faire effet sur son cœur (AM 132) (Hervorhebung durch Stendhal).
> La pique n'est peut pas exister dans l'amour-passion, elle est orgueil féminin : « Si je me laisse malmener par mon amant, il me méprisera et ne pourra plus m'aimer » ; ou elle est la jalousie avec toutes ses fureurs (AM 133).

Hier wird der Charakter der angeblich empfundenen Liebe offenbart: Sie beruht ganz klar auf dem Bedürfnis, sein Gegenüber zur Anerkennung der eigenen Überlegenheit zu bringen und basiert folglich auf nichts anderem als der *vanité* und dem *orgueil*. Besonders liegt dieses Phänomen laut Stendhal dem weiblichen Stolz zugrunde. Der *amour par pique* grenzt sich daher vom *amour-passion* ab, welcher bekanntlich durch nichts zu beeinflussen ist: „L'amour véritable, qui ne pense à rien qu'à soi-même." (AM 259)

Dennoch hat der *amour par pique* auch einen positiven Aspekt: Laut Stendhal folgt der Täuschung zwangsläufig die „Ent-täuschung", durch welche der Liebende seine wahre „Liebe aus Eitelkeit" zu erkennen vermag. Damit nicht genug, führt die „Ent-täuschung" nicht nur zur Erkenntnis der wahren Natur seiner Liebe, sondern insbesondere auch zur Selbsterkenntnis.[147]

2.6.2 Die sieben Entstehungsphasen der Liebe

Neben der Klassifizierung in vier verschiedene Arten der Liebe gilt Stendhals Interesse in *De l'Amour* auch ihrer Entstehung. Dies deutet er in folgender Bemerkung an, welche einer Handschrift des Traktates entnommen ist: „Ce qui fait le succès croissant des romans, ce qui fera le caractère de notre siècle chez la postérité, c'est que la passion de l'amour naît sous nos yeux."[148]

Stendhal unterteilt die Entstehung der Liebe in sieben Phasen, welche im Folgenden kurz dargestellt werden sollen. Von fundamentaler Bedeutung ist in diesem Zusammenhang seine Theorie der *cristallisation*, welche allerdings hier nur kurz erwähnt sei, bevor sie dann im nächsten Kapitel ausführlich beschrieben wird.

„1° L'admiration (AM 34)", so bezeichnet Stendhal die erste Phase in der Entstehung der Liebe und fügt im vierten Kapitel des Traktates hinzu: „Dans une âme parfaitement

---
[146] Grün (1967), 128.
[147] Grün (1967), 129.
[148] Gerlach-Nielsen (1965), 8.

indifférente, une jeune fille habitant un château isolé au fond d'une campagne, le plus petit étonnement peut amener une petite admiration, et, s'il survient la plus légère espérance, elle fait naître l'amour et la cristallisation." (AM 41) Es wird deutlich, dass Stendhal ein monotones, einsames Leben in der Provinz als beste Vorraussetzung für die Entstehung eines *amour-passion* sieht.

Der nächste Schritt in der Liebesentwicklung ist Folgender: „2° On se dit: Quel plaisir de lui donner des baisers, d'en recevoir, etc. !" (AM 34) Im Gegensatz zu der ersten Stufe der „admiration simple" kann man diese zweite Phase mit Merete Gerlach-Nielsen auch jene der „admiration tendre" nennen und sogar von einem aufkommenden *désir* sprechen.[149] Das heißt, diese zweite Bewunderung hat im Gegensatz zur Ersten eine etwas konkretere Form angenommen und das Interesse am Gegenüber geweckt. Damit einhergehend entsteht die Hoffnung auf Gegenliebe des Anderen, und es folgt die dritte Entstehungsphase der Liebe:

> 3° L'espérance. On étudie les perfections ; c'est à ce moment qu'une femme devrait se rendre, pour les plus grand plaisir physique possible. Même chez les femmes les plus réservées, les yeux rougissent ou moment de l'espérance. La passion est si forte, le plaisir si vif qu'il se trahit par des signes frappants (AM 34).

Mit welcher Kraft die Hoffnung über den Menschen regiert, kommt dadurch zum Vorschein, dass es sich nicht nur um eine innere Regung handelt, sondern dass sogar äußere, physische Anzeichen wie beispielsweise die roten Augen der Frau die Hoffnung anzeigen. Diese Aussage führt uns zu einer nächsten wichtigen Feststellung: Stendhal schildert die gesamte Beschreibung der Liebesentstehung aus der Sicht des Mannes.[150] Damit der Liebende sich in seiner Hoffnung auf gegenseitiges Glück in die nächste Entwicklungsphase begeben kann, bedarf es Stendhal zufolge nur eines ganz kleinen Hoffnungsschimmers: „Il sufit d'un très petit degré d'espérance pour causer la naissance de l'amour." (AM 38) Die Liebesgeburt wird der vierten Phase zugesprochen: „4° L'amour est né. Aimer, c'est avoir du plaisir à voir, toucher, sentir par tous les sens, et d'aussi près que possible un objet aimable et qui nous aime." (AM 34) Diese Stendhalsche Definition der Liebe lässt zum ersten Mal auch den sensualistischen Aspekt im Denken des Autors hervortreten, indem von dem Bedürfnis die Rede ist, das liebenswerte und liebende Wesen mit allen Sinnen sehen, berühren und fühlen zu wollen.

---

[149] Gerlach-Nielsen (1965), 9.
[150] Dies geht überdies aus folgendem Zitat des dritten Kapitels „De l'espérance" hervor: „Si l'amant a eu des malheurs, s'il a le caractère tendre et pensif, s'il désespère des autres femmes, s'il a une admiration vive pour celle dont il s'agit, aucun plaisir ordinaire ne pourra le distraire de la seconde cristallisation. […]. Il aurait besoin qu'à cette époque, et non plus tard, notez bien, la femme qu'il aime tuât l'espérance d'une manière atroce […]" (AM 38).

Ferner ist von Bedeutung, dass die Liebe auf Gegenseitigkeit beruht und keine einseitige Zuneigung ist. In der nächsten Phase beginnt dann die erste *cristallisation*:

> 5° La première cristallisation commence. On se plaît à orner de mille perfections une femme de l'amour de laquelle on est sûr ; on se détaille tout son bonheur avec une complaisance infinie. Cela se réduit à s'exagérer une propriété superbe, qui vient de nous tomber du ciel, que l'on ne connaît pas, et de la possession de laquelle on est assuré (AM 34).

Wo der Liebende in der dritten Phase die Vorzüge der geliebten Frau noch studierte, gilt sein Interesse jetzt vor allem dem Schmücken der Frau mit Vorzügen. Aus der Freude der Gegenliebe der Geliebten heraus und das dadurch vermittelte Gefühl der Sicherheit findet nun also die *cristallisation* statt. Ganz konkret besteht diese in einer geistigen Tätigkeit, in welcher der Liebende die Vollkommenheiten an der geliebten Frau entdeckt. Stendhal hat dies folgendermaßen formuliert:

> Ce phénomène, que je me permets d'appeler la *cristallisation*, vient de la nature qui nous commande d'avoir du plaisir et qui nous envoie le sang au cerveau, du sentiment que les plaisirs augmentent avec les perfections de l'objet aimé, et de l'idée : elle est à moi (AM 35).

Sobald die Einbildungskraft des Liebenden nun nach der ersten *cristallisation* für einige Zeit zur Ruhe kommt, kommen die ersten Zweifel:

> 6° Le doute naît. Après que dix ou douze regards, ou toute autre série d'actions qui peuvent durer un moment comme plusieurs jours, ont d'abord donné et ensuite confirmé les espérances, l'amant, revenu de son premier étonnement et s'étant accoutumé à son bonheur, [...] demande des assurances plus positives, et veut pousser son bonheur (AM 36).

In seinem Streben nach mehr Sicherheit und Glück in der Beziehung zu seiner Geliebten stößt der Liebende bei dieser oftmals auf „Gleichgültigkeit, Kälte oder sogar Zorn" (AM 36), was ihn dann wiederum zum besagten Zweifeln an seinem Glück sowie der Gegenliebe seiner Geliebten veranlasst. Die wichtige Funktion des Zweifelns für die Liebe unterstreicht Stendhal im Kapitel 33 des Traktates: „Toujours un petit doute à calmer, voilà ce qui fait la soif de tous les instants, voilà ce qui fait la vie de l'amour heureux. Comme la crainte ne l'abandonne jamais, ses plaisirs ne peuvent jamais ennuyer. Le caractère de ce bonheur, c'est l'extrême sérieux." (AM 118)

Die letzte und siebte Phase in der Liebesentwicklung nennt Stendhal die zweite *cristallisation*: „7° La seconde cristallisation. Alors commence la seconde cristallisation produisant pour diamants des confirmations à cette idée : Elle m'aime." (AM 36)

Die Phase des Zweifelns dauert also nicht lange an: Schon bald schöpft der Liebende neue Hoffnung, dass die Angebetete ihn doch liebt. All dies erfolgt ohne ein Eingreifen der Geliebten und zeigt sich in einem Hin und Her der Gedanken des Liebenden:

> A chaque quart d'heure de la nuit qui suit la naissance des doutes, après un moment de malheur affreux, l'amant se dit : Oui, elle m'aime ; et la cristallisation se tourne à dé-

couvrir de nouveaux charmes ; puis le doute à l'œil hagard s'empare de lui, et l'arrête en sursaut [...] (AM 36).

Die größte Beunruhigung des Liebenden kommt durch seine Erkenntnis, dass seine Angebetete die einzige Frau auf der Welt ist, welche sein Glück sein könnte. Diese Einsicht der Ausschließlichkeit in der Wahl der geliebten Frau misst der zweiten *cristallisation* eine weit größere Bedeutung bei als der Ersten: „C'est l'évidence de cette vérité, c'est ce chemin sur l'extrême bord d'un précipice affreux, et touchant de l'autre main le bonheur parfait, qui donne tant de supériorité à la seconde cristallisation sur la première." (AM 37)

Es bleibt also festzuhalten, dass die zweite *cristallisation* durch einen ständigen Wechsel zwischen Hoffnung und Angst charakterisiert ist, wozu sich Stendhal im Kapitel 39b äußert:

> Nous l'avons répété sans cesse, l'amour d'un homme qui aime bien jouit ou frémit de tout ce qu'il s'imagine, et il n'y a rien dans la nature qui ne lui parle de ce qu'il aime. Or jouir ou frémir fait une occupation fort intéressante, et auprès de laquelle toutes les autres pâlissent (AM 143).

Zuletzt sei noch erwähnt: Es kann auch geschehen, dass der Liebende ein ganzes Stück seiner *cristallisation* zerstören muss - wenn er nämlich bemerkt, falsche Schlussfolgerungen gezogen und falsche Hoffnungen gehegt zu haben. Wenn dies passiert, erscheint der gesamte Verlauf der *cristallisation* als fragwürdig: „On entre en doute de la cristallisation elle-même." (AM 37)

Die sieben Phasen der Stendhalschen Liebesgeburt hat Stendhal in seiner kurzen Novelle *Ernestine ou la naissance de l'amour* verdeutlicht. Nach seinem Tod wurde diese Erzählung dem Anhang der Originalausgabe von *De l'Amour* beigefügt und hat seitdem einen festen Platz im Kontext der Stendhalschen Liebestheorie.[151]

2.6.3 Stendhals Theorie der *cristallisation*

Nachdem im Vorigen schon des Öfteren der für Stendhals Liebestheorie zentrale Begriff der *cristallisation* gefallen ist, soll nun in diesem Kapitel geklärt werden, worum es sich bei diesem Phänomen genau handelt. Ein oft zitiertes sehr berühmtes Gleichnis, welches Stendhal in *De l'Amour* entwickelt, gibt Aufschluss über seine Gedanken:

> Laissez travailler la tête d'un amant pendant vingt-quatre heures, et voici ce que vous trouverez : Aux mines de sel de Salzbourg, on jette, dans les profondeurs abandonnées de la mine, un rameau d'arbre effeuillée par l'hiver ; deux ou trois mois après on le retire couvert de cristallisations brillantes : les plus petites branches, celles qui ne sont pas plus grosses que la patte d'une mésange, sont garnies d'une infinité de diamants,

---

[151] Stendhal: *Über die Liebe*, hrsg. als Diogenes Taschenbuch, München 1981, Deutsch von Franz Hessel und mit einer Anmerkung von Franz Blei, 433.

mobile et éblouissants ; on ne peut plus reconnaître le rameau primitif. Ce que j'appelle cristallisation, c'est l'opération de l'esprit, qui tire de tout ce qui se présente le découverte que l'objet aimé a de nouvelles perfections (AM 34ff).

Die *cristallisation* ist demnach als ein produktives, geistiges Wirken zu verstehen, welches mit dem Wachsen von Salzkristallen an einem in die Salzburger Salinen geworfenen Ast vergleichbar ist. Dabei belegt der Liebende das von ihm geliebte Objekt mit allerlei Vorzügen, um seine Gedanken und Gefühle bestätigt zu sehen und verliert dabei jegliche Objektivität: „Vous la voulez tendre, elle est tendre ; ensuite vous la voulez fière comme l'Emilie de Corneille, et, quoique ces qualités soient probablement incompatibles, elle paraît à l'instant avec une âme romaine." (AM 54)

Ferner verdeutlicht diese Textstelle, wie Stendhal auch explizit im weiteren Verlauf des Textes erwähnt, dass sich bei der Liebe als der stärksten Leidenschaft die Wirklichkeit nach den Wünschen formt, und dass somit durch den *amour-passion* die größten Genüsse errungen werden können (AM 54). Auf diese Weise wird der imaginäre Charakter dieser Liebesart betont, durch welchen sie nie sachlich und langweilig wird, sondern stets etwas Unvorhergesehenes und Überraschendes in sich birgt.

Dies spiegelt sich auch in der Bedeutung der Schönheit wider: Auch wenn diese bei der Entstehung der Liebe notwendig ist, und die Hässlichkeit kein Hindernis bilden darf, so sagt der Autor, der Liebende werde bald dahin kommen, die Geliebte schön zu finden, wie sie ist ohne dabei an die „wahre Schönheit" zu denken (AM 52): „La cristallisation de la maîtresse d'un homme, ou sa BEAUTÉ, n'est autre chose que la collection de TOUTES LES SATISFACTIONS de tous les désirs qu'il a pu former successivement à son égard." (Hervorhebung durch Stendhal) (AM 53) Auf diese Weise verdeutlicht Stendhal, dass die *cristallisation* ein individueller Prozess ist und ganz verschiedene Formen annehmen kann (AM 53).

Ferner sei noch auf die Aussage Stendhals hingewiesen, die *cristallisation* höre in der Liebe fast niemals auf:

> La cristallisation ne cesse presque jamais en amour. Voici son histoire : Tant qu'on n'est pas bien avec ce qu'on aime, il y a la cristallisation à *solution imaginaire* : ce n'est que par l'imagination que vous êtes sûr que telle perfection existe chez la femme que vous aimez. Après l'intimité, les craintes sans cesse renaissantes sont apaisées par des solutions plus réelles. Ainsi le bonheur n'est jamais uniforme que dans sa source. Chaque jour a une fleur différente (AM 43).

Mit anderen Worten: In der ersten Verliebtheit flüchtet der Liebende sich gerne in seine Phantasiewelt, um sich der Vollkommenheit seiner Geliebten sicher zu sein und verliert daher jegliches Gefühl für die Wahrscheinlichkeit (AM 55). Kommt es dann nach einiger Zeit zu einem intimeren Verhältnis, verschwindet zunächst die zuvor stets vorhandene Angst und ein „grenzenloses Vertrauen" sowie eine „süße Gewohnheit" stellen sich ein, so dass die gemeinsamen Interessen sich ändern (AM 43).

Wird der Liebende verlassen, setzt die *cristallisation* von neuem ein und endet mit dem Gedanken: „Ce bonheur si charmant, je ne le verrai jamais ! Et c'est par ma faute que je le perds !" (AM 43) Das heißt, dem Liebenden wird immer bewusster, dass ausschließlich diese eine Frau, welche ihn verlassen hat, sein Glück hätte sein können. Gleichzeitig merkt er, dass er dieser Situation widerstandslos ausgeliefert ist und somit keinen Einfluss auf sein weiteres Liebesleben hat, dessen Erfüllung von der Liebe dieser einen Frau abhängt:

> Que si vous cherchez le bonheur dans des sensations d'un autre genre, votre cœur se refuse à le sentir. Votre imagination vous peint bien la position physique, elle vous met bien sur un cheval rapide, à la chasse, dans les bois du Devonshire ; mais vous voyez, vous sentez évidemment que vous n'y auriez aucun plaisir. Voilà l'erreur d'optique qui produit le coup de pistolet (AM 43).

Abschließend kann festgehalten werden: Stendhal lässt trotz seines sachlichen Stils[152] - welcher teils moralistische Züge annimmt, teils nach sensualistischer Art verfasst ist - der Leidenschaft und der Einbildungskraft sowie dem „Ideal einer von gesellschaftlicher Entfremdung unberührten Subjektivität"[153] eine hohe Bewertung zukommen. Somit kann, wie bereits zuvor im Zusammenhang mit Helvétius angesprochen wurde, die „Opposition zwischen dem Moralisten und Ideologen Stendhal auf der einen Seite, dem Romantiker auf der anderen" als ein „komplexer, diskursiver Überlagerungsvorgang" begriffen werden.[154]

Es soll hier noch darauf hingewiesen werden, dass bei oben durchgeführter Darstellung von Stendhals liebestheorethischen Erkenntnissen kein Anspruch auf Vollständigkeit erhoben werden kann, sondern dass lediglich die Eigentümlichkeiten aus *De l'Amour* herausgearbeitet wurden, welche für die später noch ausstehende Romananalyse von Bedeutung sind. Denn wie Robert Alter treffend bemerkt, hat Stendhal sich mit seinem Traktat auf seine großen Romane vorbereitet, indem er dort „sein Verständnis der Liebe analysiert, um es dann in seinen Romangestalten mit Leben zu erfüllen".[155] Dennoch wird später zu zeigen sein, dass die Figuren durch mehrere Wesenszüge und Charakteristika gekennzeichnet sind, weswegen eine direkte Übertragung der in *De l'Amour* propagierten Liebesformen nicht möglich ist.

---

[152] Stendhal macht im Kapitel 9 selbst auf seinen beabsichtigten „trockenen" Stil aufmerksam (AM 50).
[153] Wolfang Matzat: *Diskursgeschichte der Leidenschaft: Zur Affektmodellierung im französischen Roman von Rousseau bis Balzac*, Tübingen 1990, 133ff.
[154] Matzat (1990), 136.
[155] Alter (1985), 216ff.

3 Liebe und Eigenliebe im Werk Stendhals

Nachdem im vorangegangenen ersten Teil der vorliegenden Studie das Augenmerk auf die Stendhalschen Vorbilder sowie auf seine Liebestheorie und Romanästhetik gerichtet wurde, soll nun im Hauptteil darauf aufbauend eine Analyse drei seiner Romane folgen. Im Zentrum stehen dabei die von den Hauptfiguren verkörperten Erscheinungsformen der Liebe, welche sowohl durch die Einzelcharaktere zum Ausdruck gebracht werden als auch in den verschiedenen Paarkonstellationen und deren Liebesentstehungen zum Tragen kommen. Es handelt sich hierbei um den Versuch, das Ineinandergreifen der wahren Liebe - dem *amour-passion* - und der Eigenliebe darzulegen, denn Letztere ist immer auch mitverantwortlich für die Taten der Protagonisten.

Dazu werden zunächst die einzelnen Frauen- und Männerfiguren näher charakterisiert, und dann im Anschluss anhand der Stendhalschen Liebestheorie die verschiedenen Kristallisationsprozesse ihrer Liebesgeburten aufgezeigt. Dass die Liebenden in ihren Entwicklungen stetig zwischen Gefühl und Raison hin- und hergerissen sind und, wie Schmid bemerkt, „die geschilderten Lebensläufe selbst für den naiven Leser eher Produkte einer überreichen Phantasie als Ausschnitte aus einer nachvollziehbaren Realität sind"[156], unterstreicht die Bedeutung, welche der Imagination in den Werken des Romanciers zukommt. Trotz allem wird zu zeigen sein, dass Stendhal die gesellschaftlichen Kräfte der zeitgenössischen, restaurativen Gesellschaft mit in seine Analyse des menschlichen Herzens einbezieht.

3.1 *Armance*
3.1.1 Die Ohnmacht Octave de Maliverts

In die Romanhandlung eingeführt wird der Held Octave de Malivert als junger, adliger „polytechnicien". Er ist mit edlen Umgangsformen und großen schwarzen Augen, wie sie schöner nicht sein könnten, ausgestattet (ARM 49), wird aber trotz seines hübschen Aussehens gleich zu Beginn von den „Dutzendmenschen" der übrigen Gesellschaft abgesetzt. Sein Wesen ist gekennzeichnet durch „des singularités qui le rendaient odieux aux hommes vulgaires" (ARM 49)[157], in seinem Herzen ist „quelque principe singulier" tief eingeprägt „qui se trouvait en contradiction avec les événements de la vie réelle" (ARM 50), er besitzt eine „profonde mélancolie" (ARM 50) und „semblait

---
[156] Schmid (1991), 193.
[157] Vgl. hierzu die Bemerkung J. C. Alciatores (1952): „Stendhal a toujours détesté les êtres vulgaires et milieux sordides, et ce n'est qu'incidemment et que brièvement qu'il les décrit. Ce n'est pas par la peinture de la médiocrité qu'il est réaliste", 270.

misanthrope avant l'âge" (ARM 50). Es fällt auf, dass Stendhal bezeichnend oft die Wörter „singulier" und „singularité" zur Charakterisierung Octaves verwendet[158], sodass man den Helden als Ausnahmemenschen beschreiben kann, und der Protagonist somit die Vorstellung des Stendhalschen „homme supérieur" beinhaltet. Im Gegensatz zu seinen Mitmenschen ist er also durch eine geistige Überlegenheit ausgezeichnet, welches wiederum mit Schlüsselwörtern wie beispielsweise „esprit", „supérieur" oder „supériorité" zum Ausdruck gebracht wird. Es heißt, er habe „beaucoup d'esprit" (ARM 49), fühlt sich „supérieur à tous les dangers" (ARM 66)[159], sei „un homme d'autant d'esprit" (ARM 102) und verfüge über „une supériorité réelle sur ses rivaux" (ARM 95). Seine Mutter äußert diesbezüglich sogar: „Certainement, […], je sens en lui quelque chose de surhumain ; il vit comme un être à part, séparé des autres hommes" (ARM 57). So wird die Fähigkeit Octaves, eine starke Leidenschaft entwickeln zu können, bereits angedeutet: Wie in der Darstellung über Helvétius gezeigt wurde, übernimmt Stendhal die Vorstellung des Sensualisten, der „homme supérieur" besitze im Gegensatz zu den „âmes vulgaires" die Anlage, eine solche Passion zu entwickeln.

Selbst wenn die „singularité" des Protagonisten nicht durch heldenhafte Taten zum Ausdruck gebracht und im Gegenteil immer wieder dessen mysteriöser Charakter erwähnt wird[160], so kann dennoch, wie schon zuvor im Kapitel über Helvétius gesagt wurde, festgehalten werden, dass die Andersartigkeit des Helden von Stendhal positiv konnotiert ist und dessen Größe gerade ausmacht. Denn dadurch, dass dieser sich der Plattheit der Gesellschaft widersetzt, wird er wie Jasmin Lemke zu Recht behauptet zu einer „Anklagefigur":

> Stendhal funktionalisiert seine Protagonisten gleichsam zu Anklagefiguren, aus deren Perspektive er die allgemeinen sozialpolitischen Verhältnisse der Restaurationszeit kritisiert, und zu positiven Gegenbeispielen, zu Ausnahmemenschen in der verworfenen gesellschaftlichen Wirklichkeit.[161]

Auch wenn Octave nicht, wie später zu sehen sein wird, als ein so unerbittlicher Widerstandskämpfer nach Art eines Julien Sorel aus *Le Rouge et le Noir* auftritt, so kommen dennoch sein „mépris dont il était dévoré" gegenüber der restaurativen Gesellschaft

---

[158] Vgl. beispielsweise ARM: „J'ai par malheur un caractère singulier" (55); „au fond de cette âme singulière" (58).
[159] Dies erinnert an Helvétius Aussage: „Ce sont, en effet, les passions seules qui, portées à ce degre de force, peuvent exécuter les plus grandes actions, et braver les dangers, la douleur, la mort et le ciel même", siehe Kapitel 2.4 dieser Studie.
[160] Vgl. ARM: „Ah ! ton caractère a quelque chose de mystérieux et de sombre qui me fait frémir" (55); „Une violence extrême, une méchanceté extraordinaire marquaient alors toutes ses actions, […] on l'eût enfermé comme fou" (68).
[161] Jasmin Lemke: *Selbstthematisierung im Spiegel des Fremden. Nord-Süd-Antagonismus bei Stendhal*, Frankfurt am Main 2007, 179.

(ARM 64) und sein „dégoût pour les hommes" (ARM 74) deutlich zum Vorschein. Nichtsdestotrotz scheint er sich nicht von seiner Klasse lösen zu können: Sein Entschluss, am Freiheitskampf der Griechen teilnehmen zu wollen, zeigt seine Verpflichtung gegenüber dem adligen Stand, selbst wenn er diesen Kampf letztendlich nie antritt.[162] Ein positiver Aspekt seines Entschlusses ist jedoch, dass er Willenskraft beweist, welche von Stendhal positiv bewertet wird. Dies hat unter anderem Friedrich betont: „Der Begriff der möglichen menschlichen Größe [...] ist ihm die naturgegebene, mächtige, ausdauernde Leidenschaft, ihr objektives Ziel der Triumph des Willens."[163] Nicht nur der starke Wille, sondern auch die angesprochene „mächtige, ausdauernde Leidenschaft" ist dem Stendhalschen Helden gegeben:

> [...] madame de Malivert ne pouvait concevoir que son fils eût les passions les plus vives ou du moins les plus exaltées, et cependant une telle absence de goût pour tout ce qu'il y a de réel dans la vie. On eût dit que ses passions avaient leurs source ailleurs et ne s'appuyaient sur rien de ce qui existe ici-bas (ARM 57).

Wenn der andersartige Charakter Octaves durch den gesamten Handlungsverlauf hindurch eher unverständlich bleibt, so rührt dies einerseits von dessen sonderbarer äußerer Beschreibung des Erzählers und dem Wirken auf seine Umwelt, andererseits jedoch wird seine Rätselhaftigkeit durch die Aussagen oder inneren Monologe des Protagonisten selbst noch verstärkt. Zum Beispiel fällt seine eigenartige Einstellung gegenüber der Liebe auf, wo Ausbrüche wie: „Je l'aimerais avec passion [...]. Je *l'aimerais*! moi, malheureux!" (Hervorhebung durch Stendhal) (ARM 65), „Moi, aimer! [...] Hélas ! c'est un avantage qu'apparemment le ciel m'a refusé" (ARM 158) oder „J'aime ! [...] moi, aimer ! grand Dieu !" (ARM 159) unerklärlich bleiben. Auch sein Schwur, nie Liebe zu empfinden, welcher soweit geht „que l'on peut dire que la haine de cette passion était la grande affaire de sa vie" (ARM 89) sowie sein Bekenntnis: „[...] mais j'ai un secret affreux que jamais je n'ai confié à personne, ce secret va vous expliquer mes fatales bizarreries" (ARM 238) lassen Octaves Charakter undurchsichtig erscheinen. Folgende Worte an Armance treiben seine Unergründ-lichkeit auf die Spitze: „Oui, chère amie, [...], je t'adore, tu ne doutes pas de mon amour ; mais qui est l'homme qui t'adore ? c'est un *monstre*." (Hervorhebung durch Stendhal) (ARM 239)

---

[162] Es bleibt hier allerdings die Frage offen, ob Octave wirklich aus Pflichtgefühl gegenüber seinem Stand reisen möchte, oder ob dies nicht eher eine Flucht vor Armance und somit eine Möglichkeit ist, seinen Schwur aufrechtzuerhalten. Auch Armance denkt über die wahren Beweggründe seines Aufbruchs nach: „Peut-être quelque motif personnel est-il venu se joindre à cette obligation générale par laquelle il est fort possible que l'âme noble d'Octave se croie liée ?" (ARM 174)
[163] Friedrich (1980), 39.

Lediglich ein aufklärender Brief Stendhals an Mérimée gibt Aufschluss über das Wesen des Helden seines Erstlingswerks: Der liebende Held ist impotent.[164] Naumann bemerkt, dass das Verschweigen der Krankheit Octaves dem Roman als „künstlerischer Mangel angerechnet werden kann", erwähnt jedoch im gleichen Atemzug Stendhals vermeintliche Absicht, auf diese Weise unterstreichen zu wollen, dass die Impotenz nicht das Hauptthema des Buches sei. Man verkenne nach Naumann die Bedeutung des Romans, wenn man den Inhalt ausschließlich auf die Krankheit des Helden reduziere.[165]

Auch andere Interpreten haben sich zur Unverständlichkeit von *Armance* geäußert und haben in Übereinstimmung mit eigenen Aussagen Stendhals zu seinem Roman, insbesondere bezüglich seiner Überlegungen zur *Princesse de Clèves* von Mme de Lafayette, folgende Feststellung gemacht:

> Stendhal preist den Verzicht auf das Alles-Sagen in der « Princesse », weil die Technik des Andeutens die Imagination des Lesers mehr stimuliere als die zeitgenössische Romanproduktion, die alles auspinsele. Er stellt sich selbst in diese literarische Tradition des 17. Jahrhunderts, treibt aber die Kunst der Andeutung so weit, dass die Kritik im vorwarf, unverständlich zu sein.[166]

Dadurch, dass es im Roman heißt: „Les médecins pensaient que cette monomanie était tout à fait *morale*, c'était leur mot, et devait provenir non point d'une cause physique" (ARM 70), würde der Leser einerseits tatsächlich von sich aus nicht auf die physische Schwäche einer Impotenz schließen, andererseits macht der Autor so auf eine der zentralen Thematiken seines Romans aufmerksam. Diese liegt nämlich unter anderem in der Auseinandersetzung mit dem menschlichen Seelenapparat in der französischen Wirklichkeit.

Eine weitere Passage, in welcher die Ärzte - ausdrücklich als „gens d'esprit" (ARM 51) bezeichnet - den Zustand Octaves zu begründen versuchen, geht in die gleiche Richtung: „Des médecins, gens d'esprit, dirent à madame de Malivert que son fils n'avait d'autre maladie que cette sorte de tristesse mécontente et jugeante qui caractérise les jeunes gens de son époque et de son rang." (ARM 51) Diese Passage unterstreicht, wie Roland Galle betont, dass Octaves Besonderheit keineswegs nur pathologischer Art ist, sondern ihn in die Nähe der romantischen Figuren rückt, welche an dem so genannten *mal du siècle* leiden.[167] Im Gegensatz zu jenen, welche sich in sich selbst zurückziehen, um sich auf diese Weise gegen die Gesellschaft abzusichern, bleibt Octave eng mit den

---

[164] Stendhal: *Armance. Mit einem Nachwort von André Gide*, Büchergilde Gutenberg, Frankfurt am Main 1966, 256.
[165] Stendhal: *Gesammelte Werke in Einzelbänden*, hrsg. von Manfred Naumann, Berlin 1977, 219.
[166] Michael Nerlich: *Stendhal mit Selbstzeugnissen und Bilddokumenten*, Hamburg 1993, 81.
[167] Roland Galle: *Geständnis und Subjektivität. Untersuchungen zum französischen Roman zwischen Klassik und Romantik*, München 1986, 203.

gesellschaftlichen Gegebenheiten verflochten. Er weiß über die tieferen Zusammenhänge seiner ihn anekelnden Klasse Bescheid und gerät daher nicht nur mit dieser, sondern auch mit sich selbst in Konflikt. Letztgenannter besteht, wie Hugo Friedrich behauptet, in der Erkenntnis des Stendhalschen Helden, dass „die Stellung in der Öffentlichkeit nicht beruht auf der Übereinstimmung mit ihr, sondern auf der Nicht-Übereinstimmung, die überbrückt ist von der Lüge."[168] Mit anderen Worten: Octave tritt dem geltungssüchtigen Verhalten der ihn umgebenden Gesellschaft, in welcher der Mensch nicht der ist, welcher er vorgibt zu sein, sondern sich stets zu seinen Gunsten den Gesetzmäßigkeiten anpasst, abwehrend gegenüber. Er möchte sich aus den Fesseln seines Standes befreien, befindet sich jedoch selbst „innerhalb der Szenerie der neugeordneten Gesellschaft im nachnapoleonischen Frankreich"[169], sodass er gewisse gesellschaftliche Veränderungen erst mitvollziehen muss.[170] Genau darin liegt nach Galle die Ambivalenz von *Armance*. Er ist der Meinung, hier stehe „die Diskrepanz zwischen romantisch fundierter Selbsterfahrung und Wirklichkeit der Gesellschaft" im Zentrum.[171]

Ganz deutlich wird diese Diskrepanz an Octaves Betroffenheit als er merkt, wie anders seine Mitmenschen auf ihn reagieren, nachdem ihm durch das Entschädigungsgesetz zwei Millionen Franc zugekommen sind. Er muss erfahren, dass seine Umwelt ihn nicht um seiner Person willen, sondern des Geldes wegen zu schätzen beginnt (ARM 62), was seine Verachtung gegenüber der Gesellschaft noch steigert. Sein Aufruhr zeigt, wie sehr es Octave darum geht, als „normaler" Mensch anerkannt zu werden und wie wenig ihm im Grunde seine soziale Stellung in der Gesellschaft bedeutet.[172] Er versucht jedoch seine Abneigung durch zuvorkommendes, angepasstes Verhalten zu überspielen und unterdrückt seine wahren Leidenschaften.[173] Albérès sieht in dieser Verstellung Octaves gerade sein Verhängnis, da er sich damit gegen das von Stendhal postulierte „naturel"[174]

---

[168] Friedrich (1980), 38.
[169] Dethloff (1997), 99ff.
[170] Galle (1986), 203. Darin unterscheidet sich *Armance* von *Le Rouge et le Noir*, denn in Letzterem geht eine solche Struktur dem Roman schon voraus. Das ist auch der Grund dafür, wie Galle betont, dass als erster realistischer Roman Stendhals zumeist sein Hauptwerk angesehen wird.
[171] Galle (1986), 203. Erich Köhler meint in diesem Zusammenhang hingegen, dass Stendhal das ihm „so verhaßte Unbestimmte, das »vague« der Romantiker überwunden" hat, indem das körperliche Leiden Octaves eine Erklärung gibt, „wie sie das spezifische romantische Leiden an der Welt nicht preisgibt", Köhler (1987), 15.
[172] Das ist auch der Grund für Octaves Bordellbesuch. Er möchte sich unter den Ausschweifenden zeigen, um seine Impotenz zu verbergen. Lieber gilt er als Lüstling als jemand, welcher keiner sein kann.
[173] Vgl. ARM: „A vrai dire, depuis six mois, tâcher de me rendre aimable aux yeux d'un monde égoïste et plat, n'est-ce pas mon seul travail ?" (137). Außerdem ist bereits von Anfang an die Rede von seiner „profondeur de dissimulation" (58), und er wird zudem als „exemple d'une dissimulation" (59) hingestellt.
[174] Stendhal sagt in seinen *Pensées I*: „Tâcher d'être moi-même, c'est le seul moyen qu'un homme ait pour plaire", zitiert nach Gerlach-Nielsen (1965), 15.

wendet: „La maladie d'Octave est de ne pas avoir su épanouir en lui le vrai naturel stendhalien. La civilisation au XIXe siècle, et en particulier la société parisienne, réduisent à l'inaction ou à la folie un tempérament passionné."[175] Der in der Leidenschaft rücksichtslos handelnde Mensch - ganz gleich um welche Leidenschaft es sich handelt - nimmt bei Stendhal bekanntlich den höchsten Stellenwert ein, da die in seinen Taten verwirklichte Energie ihm zu glücklichen Momenten verhilft. Davray bemerkt zu Stendhals „*culte de l'energie*": „Agir est le propre de l'homme et peu importe la qualité morale de l'action."[176] Wenn nun Octave dieser Vorstellung des leidenschaftlich aktiven Menschen entgegensteht: „Le naturel et l'imprévu n'étaient point la partie brillante de la conduite d'Octave" (ARM 123), so jedoch nur bis zu jenem Tage, an welchem ihn seine Liebe zu Armance packt. Das heißt, Octave besitzt durchaus ein energisches Wesen, aber seine anfängliche Leidenschaftslosigkeit ist in seiner Angst, sich vor der Gesellschaft zu entblößen und somit zu großen Teilen in seiner Impotenz zu begründen. Diese treibt ihn nämlich dazu an, sich der Liebe zu verschließen, sodass seine Abkehr widersprüchlicherweise schon fast die Intensität einer wahren Leidenschaft erreicht. Gleichzeitig nimmt sie ihm jedoch die Kraft, seinen inneren Widerstand gegen seine Klasse letztlich in die Tat umzusetzen und sich ganz von dieser abzuwenden. Zwar entscheidet er sich nicht für einen typischen aristokratischen Werdegang, in welchem er aufgrund seines gesellschaftlichen Status zu höchsten Ehren käme, doch auch seinen wirklichen Leidenschaften, nämlich Chemiker oder Naturwissenschaftler zu werden, geht er nicht nach.[177] Das heißt also, obwohl ihm die Gebärden seines eigenen adligen Standes zutiefst zuwider sind[178] und er weiß, dass er ein Anhänger der untergehenden Klasse ist, lähmt ihn seine Krankheit. Naumann spricht in diesem Zusammenhang von Octaves

---

[175] Francine Marill Albérès: *Le Naturel chez Stendhal*, Paris 1956, 342.
[176] Jean Davray: *Notre Stendhal*, Paris 1949, 163. Hier kommt sowohl der Einfluss Vauvenargues' als auch Helvétius zum Vorschein. J. C. Alciatore bemerkt in diesem Zusammenhang: „Le seul péché capital, pour Helvétius comme pour Stendhal, est la soumission passive, l'inaction, le manque d'énergie", 288.
[177] Vgl. ARM: „Cher Octave, ce goût singulier est l'effet de ta passion désordonnée pour les sciences" (55) ; „Mon goût pour la chimie, reprit Octave, [...] ; et Dieu sait, ajouta-t-il en soupirant, s'il n'eût pas été mieux d'être fidèle à ce dessein et de faire de moi un savant retiré du monde, un imitateur de Newton !" (56)
[178] Vgl. ARM: „Ah ! si le ciel m'avait fait le fils d'un fabricant de draps, [...] au lieu que toutes mes occupations n'ont été que de luxe" (72); Octave über seine Standesgenossen: „Ces gens ont la sottise d'avoir peur, ils se croient dans une ville assiégée et s'interdisent de parler des nouvelles du siège. La pauvre espèce ! et que je suis contrarié d'en être !" (140); Octave über Adelstitel: „Depuis que la machine à vapeur est la reine du monde, un titre est une absurdité, mais enfin je suis affublé de cette absurdité" (142)

Bewusstsein der geschichtlichen Ohnmacht, welche mit seiner individuellen Ohnmacht, sich von dieser zu lösen, gepaart ist[179]:

> Die Krankheit zwingt ihn, sich als das zu erkennen, was er objektiv ist: als den Repräsentanten einer, wie er selbst sagt, „geschlagenen Partei". Seine eigene Ohnmacht verwehrt ihm, über die Ohnmacht seiner Klasse auf die Dauer hinwegzusehen. Das Bewusstsein seiner eigenen Überflüssigkeit führt ihn dazu, die geschichtliche Überflüssigkeit seines Standes zu erkennen. Erst seine Krankheit also macht den inneren Widerspruch zu seiner Klasse erklärlich.[180]

Stendhal hat also einen adligen Helden für seinen Roman gewählt, welcher über die ausweglose Situation seines Standes Bescheid weiß und gleichzeitig ein solches hoffnungsloses Leiden auch in sich selbst trägt, um auf diese Weise dessen Impotenz auf die Impotenz einer ganzen Klasse projizieren zu können. Denn wäre der Held wie seine Mitmenschen der Illusion eines neuen Aufschwungs verfallen, hätte der Gegensatz zwischen Wirklichkeit und Schein nicht aufgedeckt werden, und Octaves *impuissance* hätte folglich nicht als „Sinnbild für die Sterilität und Dekadenz der prätentiösen Adelsschicht der Restauration" hingestellt werden können.[181] Somit stellt Stendhal mit Octave einen bestimmten Charaktertyp dar, aber er entwirft gleichzeitig ein Sittenbild seiner Zeit. Dies führt uns zu der in der Einleitung aufgestellten These, der Romancier sei in *Armance* ganz im Sinne der Charakterstudien à la *La Princesse de Clèves* vorgegangen. Einerseits präsentiert der Romancier zweifellos jene von archetypischen Motivationen wie Ehrgeiz, Heuchelei und wahrer Liebe getriebene Gestalten[182], andererseits muss man jedoch festhalten, dass die Charakterstudien zu großen Teilen von einer kritischen Analyse des Restaurationsadels überlagert werden und insofern bereits den realistischen Tenor Stendhals zeigen.[183]

Nochmals zurück zu Octaves Impotenz. Welch großen Einfluss diese auf das gesamte Denken des Stendhalschen Helden hat, zeigt die Tatsache, dass er sich selbst bestimmte Pflichten bezüglich seiner Lebensführung auferlegt. So macht er sich beispielsweise, wie oben bereits gesagt wurde, zur Norm, nie lieben zu dürfen oder beschließt Priester zu werden (ARM 53), um seine Krankheit hinter einer Regel verstecken zu können. Dieses Pflichtgefühl beherrscht das Wesen des Protagonisten nicht nur bezüglich der

---

[179] Naumann (1977), 227.
[180] Naumann (1977), 226.
[181] Dethloff (1997), 87.
[182] Dethloff (1997), 97.
[183] Dethloff (1997), 87.

Liebe, sondern in allen Lebenslagen, sodass sein Onkel, Kommandeur de Soubirane, ihn sogar als „devoir *incarné*" (Hervorhebung durch Stendhal) bezeichnet.[184]

Was nun aber Octaves Pflichtgefühl auf die Probe stellt, ist die aufkeimende Liebe zu seiner Kusine Armance. Denn als ihm im Lauf der Handlung bewusst wird, dass sein angeblich freundschaftliches Gefühle für Armance Liebe ist, gerät er in einen inneren Konflikt.[185] Wo anfangs sein bis dahin so tristes Dasein einen neuen Sinn bekommt, welcher darin besteht, seiner Kusine zu gefallen und deren Anerkennung zu erlangen:

> Sa vie eut un nouveau but, il désirait passionnément reconquérir l'estime d'Armance ; ce n'était pas une entreprise aisée (ARM 82).
> Depuis trois mois Octave n'était plus le même homme. Il n'était pas étonnant que sa conversation, si brillante pour tout le monde, eût un charme secret pour Armance ; cette conversation n'avait pour but unique que de lui plaire (ARM 96),

wird er von dem Tage an, als ihm klar wird, dass er verliebt ist, immer wieder von seinem Pflichtbewusstsein geplagt: „La voix du devoir qui commençait à se faire jouir prescrivait à Octave de fuir mademoiselle de Zohiloff à l'instant." (ARM 160) Verstärkt wird sein Pflichtgefühl dann noch, als er bemerkt, dass die Liebe auf Gegenseitigkeit beruht: „Pour comble de douleur, je puis me dire qu'Armance a de l'amour pour moi, et mes devoirs n'en sont que plus sévères." (ARM 161) Um nicht doch in Versuchung zu geraten und weiterhin seinen Vorsätzen treu zu bleiben, entscheidet sich Octave kurzerhand zu verreisen. Er fühlt sich daraufhin gestärkt, da er das Gefühl hat, seiner Pflicht gegenüber Armance nachzugehen: „Octave, un peu fortifié par la conscience d'avoir fait son devoir, se sentit le courage de continuer ; il avait eu l'idée de partir avant le déjeuner." (ARM 169)[186]

Je enger sein Verhältnis zu Armance wird, desto rigoroser handelt Octave gemäß seiner Vorsätze, denn er ist ständig darauf bedacht, die schlimmsten Folgen seiner Impotenz zu vermeiden. Er spricht sogar von seinen „heiligsten Pflichten": „Ses devoirs les plus sacrés [...]." (ARM 173) Hier kommt nun Octaves Eigenliebe ins Spiel, denn er könnte ein sexuelles Fiasko nicht ertragen.[187] Somit hat also das Pflichtgefühl Octaves viel mit

---

[184] Aciatore (1952) unterstreicht die positive Konnotation dieses Auferlegens von Pflichten: „L'idée du devoir est une conséquence que Stendhal tire des remarques d'Helvétius sur l'intérêt personnel. Chaque homme obéit à la voix de l'intérêt ou du plaisir. Mais ce ne sont que les âmes généreuses et les bonnes têtes qui comprennent l'idée du devoir", 180.

[185] Dieser innere Konflikt wird besonders im späteren Handlungsverlauf deutlich: „Le hasard déjouant ma folie me fait rencontrer le bonheur, et je m'en offense, j'en suis presque en colère ! [...] Mais c'est une habitude méprisable que celle d'oublier ses serments ; [...] Mais il y a là cercle vicieux" (ARM 199).

[186] Charakteristisch für das Pflichtbewusstsein der Stendhalschen Helden ist laut Alciatore (1952) Folgendes: „Ne pas agir quand ils entendent la voix du devoir les forcerait à se mépriser et ce mépris pour eux est une douleur bien plus grande que tous les maux auxquels ils s'exposeraient en agissant", 180.

[187] Stendhal bemerkt zum Fiasko in AM: „Ce malheur n'est à craindre qu'aux entreprises où notre asme se trouve outre mesure tendue de désir et de respect" (327). Demzufolge ist es sehr wahrscheinlich, dass Octave ein solches Fiasko erleiden würde.

seiner eigenen Selbstachtung und gleichsam mit seinem *amour-propre* zu tun. Da die Selbstachtung nämlich sein einziges Glück sein kann, hängt sie davon ab, in welchem Maße Octave den Regeln des sich eigens auferlegten Liebesverbots nachkommt.[188] Auch die mehrfachen Anläufe, Armance seine Impotenz zu gestehen, verwirft der Held immer wieder aus Furcht vor einer abweisenden Reaktion, welche seine Eigenliebe zutiefst kränken würde. Kurz nachdem die Gräfin d'Aumale in Anwesenheit von Armance äußert: „Vous êtes amoureux de cette belle cousine, ne vous en défendez pas, je m'y connais" (ARM 156), bricht Octave in Verzweiflung aus:

> Il avait donc la faiblesse de violer les serments qu'il s'était faits tant de fois ! Un instant avait renversé l'ouvrage de toute sa vie. Il venait de perdre tous les droits à sa propre estime (ARM 157).
> Je n'avais pour moi que ma propre estime, se dit-il ; je l'ai perdue. L'aveu de son amour qu'il se faisait bien nettement et sans trouver aucun moyen de le nier, fut suivi de transports de rage et de cris de fureur inarticulé. La douleur morale ne peut aller plus loin (ARM 159).

Als Armance etwas später in Ohnmacht fällt, nachdem Octave ihr aus Selbstschutz auf grausame Weise mitgeteilt hat, dass er verreisen wird, und dass er die Behauptung, er sei in sie verliebt als Anmaßung empfinde, verfällt Octave der Liebe zu seiner Kusine und gesteht der Bewusstlosen seine Gefühle. Gleich darauf empfindet er dies, wie auch im obigen Zitat, als „Schwäche": „Il se reprochait amèrement l'indigne faiblesse à laquelle il venait d'être entrainé." (ARM 167)

Es lässt sich festhalten, dass durch den Anspruch vor sich selbst bestehen zu müssen, ein immer stärker werdender Drang entsteht, den Forderungen der Liebe gerecht zu werden. Für Octave zeigt sich die paradoxe Situation, dass er durch seine starke Leidenschaft für Armance angetrieben wird, gerade dieser Leidenschaft zu entsagen. Die Selbstbeherrschung, welche Octave aufbringt, bedeutet für ihn jedes Mal eine bewusste Steigerung seines Stolzes, sofern ihm diese gelingt. Er nimmt also außergewöhnliche Anstrengungen auf sich, welche ihn immer wieder bis zum Verzicht treiben und beweist somit nach Stendhal seine geistige Überlegenheit. Denn wir erinnern uns an das Stendhalsche Vorbild Helvétius, welcher behauptet: „C'est du moment où l'amour de la gloire se fait sentir à l'homme et se dévelope en lui, qu'on peut dater les progrès de son esprit."[189] Konkret heißt dies, dass Octave in dem Moment, in welchem er sein

---

[188] Vgl. Octaves Aussage bezüglich seines Schwurs: „Car enfin ce serment ne fut fait que dans l'intérêt de mon bonheur et de mon honneur" (ARM 198). Typisch für den Stendhalschen Held in solchen Situationen ist seine Selbstanalyse. Vgl. hierzu Maurice Bardèche: „Tout l'effort d'Octave consiste à voir bien clair en lui-même, à ne pas accepter la moindre complaisance qui le mènerait à la facilité. C'est par là qu'il est profondément stendhalien. Sa rigueur dans la confession de soi-même est implacable. Il n'a de l'estime de lui-même qu'à cette condition" (Maurice Bardèche: *Stendhal Romancier*, Paris 1949, 139).
[189] *De l'Homme*, zitiert nach: Schmid (1991), 120.

Gefühl der Unterlegenheit mit seinem sich selbst vorgeschriebenen Verhalten kompensiert und es in ein Gefühl der Selbstachtung umwandelt, sich selbst stark fühlt und gleichsam seine geistige Überlegenheit weiterentwickelt.

Nicht nur die eigene Anerkennung, auch die Anerkennung Armances kommt in diesem Zusammenhang zum Tragen. Die Tatsache, dass Octave anfangs die Achtung seiner Kusine zurückgewinnen möchte, indem er sie davon überzeugt, dass sein Reichtum sein Wesen nicht verändert hat, und sich dieser *désir* allmählich in ihm zu einer starken Leidenschaft steigert[190], spornt den Helden an, aktiv zu werden und lässt ihn letztlich als leidenschaftliches Wesen auftreten. Somit zeigt sich in der Entwicklung des Helden zum „außergewöhnlichen Individuum" deutlich der Einfluss Helvétius' auf Stendhals Gedankenwelt: Ein Wunsch wird zu einer starken Leidenschaft, welche wiederum als Anstoß dient, seine *supériorité* zu beweisen.[191]

Wird Octave am Schluss der Handlung seine Situation immer bewusster - da er Armance angesichts des Todes seine Liebe gestanden hat und alle gesellschaftlichen Hindernisse, welche einer Hochzeit der beiden bislang widersprachen, aus dem Weg geräumt sind - entscheidet er sich letztlich sein Gelübde zu brechen und die Liebe von Armance zu erwidern.[192] Ganz in Stendhalscher Manier folgt eine Periode höchsten Glücks der beiden Hauptfiguren, welche Octave sogar für kurze Zeit seine Eigenliebe vergessen lässt: „L'amour-propre d'Octave n'avait plus de secret pour Armance, et ces deux jeunes cœurs étaient arrivés à cette confiance sans bornes qui fait peut-être le plus doux charme de l'amour." (ARM 206) Der Held hat also den Zustand erreicht, in welchem seine Leidenschaft sich zu einem *amour-passion* entwickelt hat: „Cependant l'amour n'est une passion qu'autant qu'il faut oublier l'amour-propre" (AM 235). Allerdings fällt Octave wenig später einer Intrige zum Opfer, als er in der Absicht, Armance sein Geständnis zukommen zu lassen, einen gefälschten Brief an die Freundin Méry de Tersan findet. In diesem gesteht seine Kusine, Octave nicht mehr zu lieben und nur aufgrund seiner guten Stellung heiraten zu wollen. Daraufhin wandelt sich der seelische

---

[190] Vgl. ARM: „Comment pourrai-je prouver à mademoiselle de Zohiloff, […], que le plaisir de quadrupler le fortune de mon père ne m'a pas absolument tourné la tête ? Chercher une réponse à cette question fut pendant vingt-quatre heures l'unique occupation d'Octave" (80). Hier wird zudem die Ausschließlichkeit der Leidenschaft à la Racine deutlich.

[191] Vgl. hierzu Kapitel 2.4 dieser Studie über den Einfluss Helvétius'.

[192] Vgl. ARM: „Enfin il arriva à se dire que dans le cas peu probable où il survivrait à ses blessures, le manque de caractère consisterait á tenir ce vœu téméraire qu'il avait fait dans sa jeunesse, et non pas à le violer. « Car enfin ce serment ne fut fait que dans l'intérêt de mon bonheur et de mon honneur. […] quand enfin, après huit jours de combats, il eut résolu tous les problèmes qui troublaient son âme, et qu'il se fut entièrement résigné à accepter le bonheur imprévu que le ciel lui envoyait, […]. En me promettant à moi-même de ne jamais aimer, je m'étais imposé une tâche au-dessus des forces de l'humanité ; aussi ai-je été constamment malheureux" (198ff).

Zustand des Helden abrupt: Ihm wird erneut bewusst, dass er in der bevorstehenden Ehe vor sich selbst und Armance nicht bestehen kann, weswegen dann letztendlich doch sein Pflichtgefühl über seine Liebe siegt. Der Gedanke an den Tod bereitet ihm sogar Freude und scheint ihm, verstärkt durch seine Annahme, dass Armance ihn ohnehin nicht wirklich liebt und daher durch sein Sterben eher eine Last von ihr abfallen würde, zu beruhigen. Dies erinnert an Stendhals zuvor zitierte Aussage in *De l'Amour*, in welcher der Tod zum erlösenden Moment wird: „Le véritable amour rend la pensée de la mort fréquente, aisée, sans terreurs, un simple objet de comparaison, le prix qu'on donnerait pour bien des choses." (AM 253)[193]

Der gesamte Bewusstwerdungsprozess der Liebenden sowie der Aspekt, vor sich selbst bestehen zu wollen, lassen ohne weiteres einen Vergleich des Stendhalschen Erstlingsromans mit der *Princesse de Clèves* zu. Auch wenn die von Stendhal selbst geäußerte Nähe seines Werkes zur Tradition des klassischen, analytischen Romans oben in gewissem Maße relativiert wurde, da der Romancier „das Allgemein-Menschliche mit dem Sozial-Typischen einer gegebenen geschichtlichen Periode kombiniert"[194], so können zweifellos Parallelen in den Charakterzügen der Protagonisten beider Romane aufgezeigt werden: Sowohl Octave als auch die *Princesse* wollen eine von ihnen empfundene Liebe bekämpfen und stellen für sich selbst bestimmte *devoirs* auf, welche sie jedoch des Öfteren brechen. Gleichzeitig wird beiden ihr Problem immer bewusster, sodass sie sich letztlich gegen ein Geständnis und für einen Liebesverzicht entscheiden, welcher größtenteils durch ihre Eigenliebe angetrieben wird. Denn ausschlaggebend ist bei beiden der Wunsch nach dem eigenen Seelenfrieden, welcher hinsichtlich der *Princesse* in ihrem Verlangen nach dem *repos* zum Ausdruck kommt und sich bei Octave äußert, indem er sich des Öfteren den Tod wünscht und sich für die egoistische Tat des Selbstmordes entscheidet.[195] Auch der Gefühlsverlauf in der Liebesentstehung ist bei beiden Autoren auf ähnliche Weise dargestellt, wie am Ende dieses Kapitels in der Beschreibung des Kristallisationsprozesses der Liebenden zu sehen sein wird.

Man kann also zusammenfassend festhalten: Octaves Ohnmacht besteht in seinem widersprüchlichen Dasein, in dem er auf der einen Seite durch den für seine Kusine empfundenen *amour-passion* geprägt ist, welcher ihn aufleben, handeln und somit zum

---

[193] Vgl. ARM: „Mais bientôt l'idée de sa mort venait le consoler et rendre calme à son cœur" (251) ; „Jamais Octave n'avait été sous le charme de l'amour le plus tendre comme dans ce moment suprême. Excepté le genre de sa mort, il s'accorda à tout dire à son Armance" (256).
[194] Dethloff (1997), 99.
[195] Vgl. beispielsweise ARM: „Dieu ! que n'ai-je été anéanti ! se dit-il en regardant le ciel" (65); „Dieu ! quelles délices de recevoir un coup de fusil dans cette tête brûlante ! Comme je le remercierais avant que de mourir si j'en avais le temps !" (164) ; „La mort était pour lui le premier des bonheurs" (183).

leidenschaftlichen Wesens werden lässt. Auf der anderen Seite jedoch treibt ihn in Zusammenhang mit seiner Impotenz sein *amour-propre* zum Selbstmord, da er es nicht mit sich selbst vereinbaren kann, ein Geständnis über seine Krankheit abzulegen. Ganz im Sinne von Stendhals Glücksvorstellung, erfährt Octave vor seinem Tod noch einige kurze, sehr intensive, glückliche Momente:

> Il était hors de lui, il goûtait les plaisirs de l'amour le plus heureux, et se l'avouait presque. [...] Ce fut un de ces instants rapides que le hasard accorde quelquefois comme compensation de tant de maux, aux âmes faites pour sentir avec énergie. La vie se presse dans les cœurs, l'amour fait oublier tout ce qui n'est pas divin comme lui, et l'on vit plus en quelques instants que pendant de longues périodes (ARM 155).

3.1.2 Armance de Zohiloff – Ausdruck einer *noblesse d'âme*

Wie Octave erscheint Armance als Außenseiterin in der adligen Gesellschaft, denn auch sie ist ein Ausnahmemensch: „Cette jeune fille avait un caractère singulier" (ARM 82). Hinzu kommt, dass sie im russischen Grenzgebiet geboren ist und daher nicht nur durch ihre ausländische Erziehung, sondern auch durch etwas, das man als „légèrement singulier dans sa manière d'être frappée des événements, et même dans sa conduite" (ARM 84) beschreiben kann, gekennzeichnet ist. Sie besitzt eine „beauté russe" (ARM 84), „cachait sous l'apparence d'une douceur parfaite une volonté ferme" (ARM 82) und verbreitet ein „certain charme de grâce et de retenue enchanteresse [...] autour d'elle" (ARM 84). Man kann mit Gerlach-Nielsen behaupten: „Armance de Zohiloff [...] est, [...] jolie, jeune et pauvre, mais [...] doit à son origine russe d'être resté naturelle et incapable de dissimuler."[196]

Ferner ist Armance durch einen aufgeweckten Geist charakterisiert, was ihren Status als „esprit supérieur" hervorhebt:

> Quelquefois il n'était pas impossible de lire dans ses yeux qu'elle pouvait être vivement affectée, mais on voyait que rien de vulgaire ne parviendrait à la toucher. Cette sérénité parfaite, qu'il eût été si flatteur de lui faire oublier un instant, s'alliait chez elle à l'esprit le plus fin, et lui valait une considération au-dessus de son âge (ARM 83).

Genauso wie ihr Kusin ist auch Armance ein „être étranger" (ARM 62) mit einem fatalen Geheimnis, welches sich bestimmte Pflichten auferlegt und von ihrer „faiblesse" spricht:

> Quoi ! se dit-elle après quelques moments, si tranquille, si heureuse même, malgré mon fatal secret, il y a une demi-heure, et perdue maintenant ! perdue à jamais sans ressource ! un homme d'autant d'esprit aura vu toute l'étendue de ma faiblesse, et cette faiblesse est du nombre de celles qui doivent le plus choquer sa sévère raison. [...] Il faut élever une barrière éternelle entre Octave et moi. [...] Cette idée est le devoir, se dit la malheureuse Armance. [...] du moment que j'ai aperçu le devoir, ne pas le

---
[196] Gerlach-Nielsen (1965), 36. In dieser Hinsicht bildet Armance einen Kontrast zu Octave, welcher zuvor durch seine „tiefe Verstellungskunst" charakterisiert wurde.

> suivre à l'instant, en aveugle, sans débats, c'est agir comme une âme vulgaire, c'est être indigne à Octave (ARM 101ff).

Es lässt sich also festhalten: Nicht nur Octave, auch seine Kusine Armance ist von der Gesellschaft abgegrenzt, und beide Figuren weisen sehr ähnliche Charakterzüge auf. Mme de Malivert bezeichnet sie sogar als „deux anges exilés parmi les hommes" (ARM 85) und sagt diesbezüglich etwas später: „je n'y vois qu'une funeste analogie de caractères" (ARM 230). Alciatore bemerkt hinsichtlich dieser Analogie der Charaktere:

> C'est encore l'analogie qui explique bien des inimitiés et des amitiés dans les romans de Stendhal. [...] Armance et Octave se ressemblent et doivent, par conséquent, se rechercher. Supérieurs à tout ce qui les entoure, ces deux êtres si parfaits doivent, au contraire, éloigner ceux qui leur sont inférieurs.[197]

Das heißt, dass aufgrund der Ähnlichkeit ihrer Charaktere eine Annäherung zwischen Octave und Armance stattfindet. Hier steigt der geistige Vorfahre Helvétius neben Stendhal auf, denn beide sind der Meinung:

> Le particulier, comme le public, n'estime que les idées qu'il a intérêt d'estimer. Or, pour que nous puissions estimer les idées d'autrui il faut qu'elles soient analogues aux nôtres. C'est cette analogie qui rapproche ou éloigne les hommes.[198]

Auf diese Weise erklärt sich also die gegenseitige Anziehung der beiden Hauptfiguren. Auf der einen Seite ist Octave mit seinem geistreichen Wesen dazu prädestiniert, Armance zu gefallen, und auf der anderen Seite fühlt auch Octave sich zu seiner „außergewöhnlichen"[199] Kusine hingezogen. Dass Armance von Octaves Seelengröße überzeugt ist, zeigt ihre Bestürzung, als sie glaubt, dieser lasse sich durch seinen neuen Reichtum beeinflussen: „Une âme que je croyais si noble être bouleversée par l'espoir de deux millions !" (ARM 78). Andersherum erkennt auch Octave die „noblesse d'âme" seiner Kusine: „Armance ne me fait pas de compliment, elle seule ici est étrangère à ce redoublement d'intérêt que je dois à de l'argent, elle seule ici a quelque noblesse d'âme. [...] Voilà donc un être estimable." (ARM 62) Jedoch muss er wenig später betrübt feststellen, dass er sich wohl in ihr getäuscht hat:

> En moins de trois minutes, le silence de mademoiselle de Zohiloff se trouva expliqué, et elle convainquie, dans l'esprit d'Octave, de tous les sentiments bas dont on venait de l'accuser. Grand Dieu, se dit-il, il n'y a donc plus d'exception à la bassesse de sentiments de toute cette société (ARM 64).

Roland Galle spricht in diesem Zusammenhang von einem in vielerlei Hinsicht spiegelbildlichen Verhalten der beiden Hauptfiguren: Beide sehen die *noblesse d'âme* des Anderen darin begründet, sich von den Interessen der Gesellschaft unbeeindruckt zu

---

[197] Alciatore (1952), 152.
[198] Alciatore (1952), 151.
[199] Vgl. ARM: „J'ai cru avoir rencontré un être au-dessus de l'humanité. Pour mériter une telle exception, il eût fallu être aimable et gai, et c'est ce qui me manque" (249).

geben und sich von diesen fernzuhalten.[200] In dem Moment, als sie diese Abgrenzung von der Gesellschaft bedroht sehen, sprechen sie dem Gegenüber dessen Status der *exception* oder der *belle âme* ab. Dies geschieht hauptsächlich aus ihren Komplexen heraus, denn Armance fühlt sich durch ihre anfängliche Armut Octave nicht würdig, weswegen sie sich seines völligen Freiseins der *vanité* sicher sein muss[201], und dieser wiederum benötigt, ausgelöst durch seine Impotenz, die völlige unverfälschte Anerkennung seiner Kusine. Es erweist sich in der Gesellschaft, welcher sie angehören, jedoch als sehr schwierig, denn

> der Umstand nun, dass es der Gegenspielerin von Armance, der ganz der Gesellschaft und ihren Gesetzen verschriebenen Mme d'Aumale, vorbehalten ist, die Liebe zwischen Octave und Armance auszusprechen, zeigt an, wie wenig es einen Raum reiner Zwischenmenschlichkeit geben kann, wie sehr der Dritte sogar der intimen Erfahrung des Paars voraus sein kann und diese somit zu desavouieren vermag.[202]

Somit ist dem Paar nur eine kurze Zeit des „suprême bonheur" vergönnt, wie es im Roman heißt:

> Ces cœurs bien jeunes encore étaient loin de se dire qu'ils jouissaient d'un des bonheurs les plus rares que l'on puisse rencontrer ici-bas ; […]. Sans expérience, ils ne voyaient pas ce que ces moments fortunés ne pouvaient être que de bien courte durée. Tout au plus ce bonheur tout de sentiment et auquel la vanité et l'ambition ne fournissaient rien, eût-il pu subsister au sein de quelque famille pauvre et ne voyant personne. Mais ils vivaient dans le grand monde, ils n'avaient que vingt ans, ils passaient leur vie ensemble, et pour comble d'imprudence on pouvait deviner qu'ils étaient heureux, et ils avaient l'air de fort peu songer à la société. Elle devait se venger (ARM 208).

Die hier bereits angekündigte Rache der Gesellschaft und gleichzeitig die alles vernichtende Intrige ist der vom Kommandeur fingierte Brief Armances, welcher Octave in seinem Entschluss des Selbstmordes bestärkt und dem glücklichen Fortgang der Beziehung so ein Ende setzt.

In *Armance* deutet sich also bereits die Gesellschaftsstruktur an, welche in den folgenden Romanen Stendhals von vornherein konstitutiv sein wird. Da es für die Liebe keinen außersozialen Raum mehr gibt und sie vielmehr in die Dynamik der *vanité* und *ambition* eingebunden wird, gibt es folglich keine unverstellte Kommunikation der Herzen mehr.[203] Auch wenn, wie wir sahen, Octave sich nicht mit bösen Absichten verstellt, sondern hauptsächlich zum Selbstschutz, und auch Armance zur Lüge greift,

---

[200] Galle (1986), 204.
[201] Vgl. ARM: „Même quand il continuerait à me chérir, chaque jour serait empoisonné par la crainte qu'Octave ne vînt à penser que je l'ai préféré à cause de la différence de nos fortunes. […] Non, quoi qu'il puisse arriver, il ne faut jamais accepter la main d'Octave, et le parti commandé par l'honneur est aussi plus sûr pour notre bonheur" (136).
[202] Galle (1986), 207.
[203] Galle (1986), 197.

um nicht als Mensch degradiert zu werden[204], so sind ihre Entscheidungen von vornherein mit durch die Gesellschaft geprägt. Somit hängen die Angst seine Selbstachtung zu verlieren und jene von der Gesellschaft verachtet zu werden unabdingbar zusammen und treiben die Protagonistin in Opposition zu ebendieser, worin letztlich ihre „noblesse d'âme" besteht.

3.1.3 Die *cristallisation* der Hauptfiguren

Die Liebesgeschichte zwischen Octave und Armance beginnt in dem Moment, als Ersterer sich durch die profitgierigen Reaktionen seiner Umgebung in traurige Gedanken versunken im Salon Mme de Bonnivets wieder findet, und beim Erblicken von Armance, welche sich als Einzige unverändert verhält, eine Art *admiration* für seine Kusine empfindet:

> Armance […] seule ici est étrangère à ce redoublement de l'intérêt que je dois à de l'argent […]. Voilà donc un être estimable, se dit-il, et comme la soirée s'avançait, il vit avec un plaisir égal au chagrin qui d'abord avait inondé son cœur, qu'elle continuait à ne point lui parler (ARM 62).

Außerdem heißt es kurz vorher im Text bezüglich der beiden Hauptfiguren: „[…] et comme ces deux êtres n'avaient que de l'indifférence l'un pour l'autre, ils se parlaient avec toute franchise." (ARM 62) Diese Passage erinnert an einen zuvor zitierten Abschnitt aus *De l'Amour*: „Dans une âme parfaitement indifférente […] le plus petit étonnement peut amener une petite admiration, et, s'il survient la plus légère espérance, elle fait naître l'amour et la cristallisation." (AM 41) Somit lässt sich also behaupten, dass die anfängliche Unbekümmertheit der beiden Figuren ihre Bewunderung füreinander begünstigt und ihre *cristallisation* mit in Gang setzt.

Die zweite Phase in der Entstehung der Liebe ist bekanntlich dadurch gekennzeichnet, dass der Liebende sich sagt: „Quel plaisir de lui donner des baisers, d'en recevoir, etc. !" (AM 34) Bezieht man dies auf den Roman, lässt sich feststellen, dass dieser *plaisir* dort keine sinnlichen Vorstellungen beinhaltet, sondern wie in der oben zitierten Passage zu sehen ist von einem „plaisir égal au chagrin" die Rede ist, welcher Octaves Interesse an Armance wachsen lässt.

---

[204] Vgl. ARM: „Les hasards du voyage lui permirent de surprendre quelques mots des femmes de madame de Bonnivet qui lui firent verser bien des larmes. Ces femmes, […] ne voyant partout que l'intérêt d'argent, attribuaient à ce motif les apparences de passion qu'Armance se donnait, disaient-elles, afin de devenir vicomtesses de Malivert ; ce qui n'était pas mal pour une pauvre demoiselle de si petite naissance. […]. Je suis perdus, se dit-elle, mon sentiment pour Octave est plus que soupçonné, […]. Le mariage n'est pas fait pour ma position, je ne l'épouserai pas, pensait-elle, et il faut vivre beaucoup plus séparée de lui " (215ff).

Bis hierhin weist die Stendhalsche Liebesentstehung auffällige Ähnlichkeiten zu jener Mme de Lafayettes auf: Drückt sich der *amour-passion* in der *Princesse de Clèves* stets in Bewegung aus, so sind auch die Gemütszustände Octaves und Armances durch innere Unruhen, Zweifel und Ängste, mit einem Wort durch Bewegtheit charakterisiert. Auch das Phänomen der *admiration* findet sich bei Mme de Lafayette in Zusammenhang mit der *surprise* und dem *étonnement* wieder. Wo bei Letzterer die Schönheit der Auslöser der Bewunderung ist, spielt sie zwar bei Stendhal auch eine Rolle, da sie bekanntlich nicht als Hindernis zwischen den Liebenden stehen sollte[205], dennoch ist die Bewunderung in *Armance* nicht in gleichem Maße an die Schönheit gekoppelt wie in der *Princesse de Clèves*. Octave bemerkt zwar des Öfteren die Schönheit seiner Kusine, aber seine Bewunderung entzündet sich hauptsächlich an ihrer *noblesse d'âme*. Dies unterstreicht die Vorrangstellung des Geistigen im Gegensatz zum Sinnlichen und den Äußerlichkeiten in der Stendhalschen Liebestheorie.

Da Octaves Bewunderung vor allem Armances scheinbarer Unverdorbenheit durch die Gesellschaft gilt, ist der Held umso enttäuschter, als er *zufällig* durch eine Bemerkung Mme d'Aumales erfährt, dass deren Zurückhaltung in „jalousie" und „envie" (ARM 64) zu begründen ist.[206] Allerdings macht Roland Galle diesbezüglich auf eine Schwäche des Protagonisten und gleichzeitig auf die „Wirksamkeit der Gesellschaft" aufmerksam: Auffallend ist, „dass Octave ihren Worten unmittelbar Glauben schenkt, er also seine eigene Trennung zwischen der Niedertracht der Gesellschaft und dem romantischheroischen Gegenentwurf einer Welt der „belle-âme" nicht zu sichern vermag."[207]

Die Enttäuschung hält jedoch nicht lange an und kehrt sich schnell in die dritte Entstehungsphase der *espérance* um. Octave hört nämlich, wie Armance zu ihrer engen Freundin Méry sagt, dass sie es nicht versteht, wie „eine Seele, die sie für so schön

---

[205] Vgl. AM: „On voit en quoi la beauté est nécessaire à la naissance de l'amour. Il faut que la laideur ne fasse pas obstacle" (52).
[206] Hier kommt die Bedeutung des Zufalls zum Tragen, welcher laut Stendhal eine wichtige Rolle in der Entwicklung des Menschen spielt. Bezüglich Octave ist dieser dahingehend bedeutsam, als dass der Protagonist, nachdem er *zufällig* die Bemerkung gehört hat, versucht, Armances Achtung zurückzugewinnen. Dadurch wird die Entstehung seiner Liebesleidenschaft für Armance erst möglich. Auch Helvétius schreibt dem *hasard* in der *éducation* des Menschen eine große Bedeutsamkeit zu. In *De l'Esprit* schreibt er: „Si, par éducation, on entend simplement celle qu'on reçoit dans les mêmes lieux et par les mêmes maîtres ; en ce sens l'éducation est la même pour une infinité d'hommes. Mais si l'on donne à ce mot une signification plus vraie et plus étendue, et qu'on comprenne généralement tout ce qui sert à notre instruction, alors je dis que personne ne reçoit le même éducation, parce que chacun a, si je l'ose dire, pour précepteurs, et la forme du gouvernement sous lequel il vit, et ses amis, et ces maîtresses, et les gens dont il est entouré, et ses lectures, et enfin le hasard, c'est-à-dire une infinité d'événements dont notre ignorance ne nous permet pas d'apercevoir l'enchaînement et les causes. Or, ce hasard a plus de part qu'on pense à notre éducation. C'est lui qui mets certains objets sous nos yeux, nous occasionne en conséquence les idées les plus heureuses, et nous conduit quelquefois aux plus grandes découvertes, DE III, 64ff.
[207] Galle (1986), 204.

hielt" sich durch zwei Millionen Franc auf diese Weise wandeln könne (ARM 78). Octave ist wie vom Blitzschlag getroffen (ARM 78) und eine neue Bewunderung für seine Kusine packt ihn, welche ihn dazu anspornt, Armance vom Gegenteil zu überzeugen. Da laut Stendhal ein kleiner Funken Hoffnung genügt, um die Liebe hervorzurufen, verfällt auch Octave sehr schnell seiner Leidenschaft zu Armance und seine *cristallisation* setzt ein. In dieser fünften Phase kehrt Octave gemäß der Stendhalschen Liebestheorie alle negativen Eigenschaften seiner Kusine in Vorzüge um, allerdings ohne dass es ihm selbst bewusst ist: „Mais l'état d'inquiétude et d'espérance sans cesse déçue […], l'empêchait de voir qu'il n'était aucun de ces défauts qu'on lui reprochait en sa présence, qui dans son esprit ne tînt à quelque grande qualité." (ARM 90)

Da bekanntlich auch der Gefühlsverlauf der Geliebten den des Liebenden mitbestimmt, ist auch Armances weitere Entwicklung der *cristallisation* für jene des Helden von Bedeutung. Wie zuvor gesagt wurde, ist Armance anfangs sehr enttäuscht, als sie feststellt: „Une âme que je croyais si noble être bouleversée par l'espoir de deux millions !" (ARM 78) Ihre Enttäuschung resultiert also aus einer vorherigen *admiration*, welche dann wiederum mit Octaves Geständnis: „[…] depuis ce moment je n'ai pensé qu'à regagner votre estime" (ARM 98) erneut erregt wird, und folglich ihre Hoffnung entsteht, Octave sei doch nicht *vaniteux*. Eigentlich müsste sie sich in dieser Zweisamkeit mit Octave sehr wohl fühlen - doch da sie merkt, wie bewegt sie durch seine Worte ist, sodass ihr sogar einige Tränen in die Augen schießen, hält ihr Schamgefühl sie zurück. In *De l'Amour* heißt es: „Pour une femme timide et tendre rien ne doit être au-dessus du supplice de s'être permis, en présence d'un homme, quelque chose dont elle croit devoir rougir ; je suis convaincu qu'une femme, un peut fière, préfèrerait mille morts."[208] (AM 87)

Dass Armance bereits die vierte Phase der Liebesgeburt („4° L'amour est né", AM 34) erreicht hat, belegen ihre Andeutungen des „fatal secret" (ARM 101ff), was nichts anderes beinhaltet als ihre Liebe zu Octave.[209] Da sie es bekanntlich als ihren *devoir* ansieht, diese Liebe aufgrund ihrer Armut verstecken zu müssen, erweckt sie so den Zweifel Octaves:

> Après une si longue attente, il avait donc pu livrer enfin cette bataille tant désirée, mais il l'avait-il perdue ou gagnée ? Si elle est perdue, se dit-il, tout est fini pour moi de ce côté. Armance me croit tellement coupable qu'elle feint de se payer de la pre-

---

[208] Nachdem Armance nach Octaves Geständnis geflohen ist, hießt es im Text: „Armance était en proie à la plus vive douleur. Ses larmes la suffoquaient ; mais elles étaient de honte et non plus de bonheur. […] O Dieu ! après une telle honte comment oser reparaître devant lui ?" (ARM 101).
[209] Den „Notes et variantes" der hier benutzten Ausgabe von *Armance* ist zu entnehmen, dass Stendhal zunächst geschrieben hatte: „Mon fatal amour", 289.

mière excuse que je présente, et ne daigne pas entrer en explication avec un homme si peu digne de son amitié (ARM 100).

Letzterer hatte nämlich mit seinem offensiven Geständnis auf ein Entgegenkommen seiner Kusine und somit auf einige „assurances plus positives" (AM 36) gehofft, was nun allerdings durch Armances vorgetäuschte Gleichgültigkeit nicht erfüllt wird.

Im Gegensatz zu Octave, welcher zunächst weder seine eigene Liebe noch die von Armance zu erkennen vermag[210], erlebt seine Kusine ihre Liebe bewusst und versucht diese zu verstecken und gleichzeitig zu bekämpfen. Vergleichbar mit der *Princesse* Mme de Lafayettes gibt sie sich nicht damit zufrieden, ihrer selbst auferlegten Pflicht nachzukommen - sie will sich aus der Gesellschaft zurückziehen, sodass „jamais la nécessité absolue de plaire à un seule personne, et humiliation si l'on n'y réussit pas" (ARM 104) sie wieder in Bedrängnis führen können.[211] Dies erinnert an den Liebesverzicht der *Princesse* sowie an ihren Wunsch nach einer Wiederherstellung ihres Seelenfriedens. Auch Octave entschließt sich bekanntlich zu verzichten, da er Angst hat, gekränkt zu werden. Eine weitere Parallele findet sich im Ausbrechen der Krankheit, welche sowohl bei Armance als auch bei der *Princesse* nach dem Treffen mit dem Geliebten auftritt.[212] Wie zuvor gezeigt wurde, ist der Auslöser der Krankheit die Unruhe des *amour-passion* - somit dient sie als Schutz, sich diesem weiter ausliefern zu müssen. Zudem kann durch sie der zeitweilige Rückzug aus der „feindseligen" Gesellschaft gerechtfertigt werden.

Da die Liebenden die letzten drei Phasen der Liebesentstehung mit fließenden Übergängen erleben - das heißt dadurch, dass immer wieder Hindernisse aufkommen, welche sie ständig zwischen dem Zweifel und einem Gefühl der Sicherheit bezüglich der Liebe des Anderen schwanken lassen - wird ihre Zweisamkeit nicht langweilig.[213] Einerseits erleben sie kurze Augenblicke einer „intimité fort singulière" (ARM 115), so wie sie auch als „confiance sans bornes" in *De l'Amour* beschrieben wird: „[...] mais quand l'amour perd sa vivacité, c'est-à-dire de ses craintes, il acquiert le charme d'un entier abandon, d'une confiance sans bornes." (AM 43) Andererseits jedoch ist ihr Dasein auch durch Momente der Selbstverachtung und durch Eifersuchtsqualen geprägt. Letzte-

---

[210] Vgl. ARM: „Ce qui est admirable, c'est que notre philosophe n'eut pas la moindre idée qu'il aimait Armance d'amour" (107).
[211] Gerlach-Nielsen (1965), 37.
[212] Vgl. ARM: „[...] il produisit un léger mouvement de fièvre qui valut à Armance la permission de ne pas quitter sa chambre de la soirée" (102) und Kapitel 2.2 dieser Studie. Auch die unzähligen Fieberanfälle Octaves entstehen durch die innere Unruhe des *amour-passion*.
[213] Vgl. AM: „Toujours un petit doute à calmer, voilà ce qui fait la soif de tous les instants, voilà ce qui fait la vie de l'amour heureux. Comme la crainte ne l'abandonne jamais, ses plaisirs ne peuvent jamais ennuyer. Le caractère de ce bonheur, c'est l'extrême sérieux" (118).

re werden eher von Armance erfahren, als diese erfährt, dass ihr Kusin sich gut mit Mme d'Aumale zu verstehen scheint (ARM 153ff). Zu allem Überfluss fühlt sich Armance dieser Frau auch noch unterlegen:

> Elle observait chacune des actions de cette femme [Mme d'Aumale] aimable avec une attention profonde et qui la conduisait souvent à des moments forts vif d'admiration. Mais chaque acte d'admiration était un coup de poignard pour son cœur. Le bonheur tranquille disparut, Armance fut en proie à toutes les angoisses des passions. La présence de madame d'Aumale en vint à la troubler plus que celle d'Octave lui-même. Le tourment de la jalousie est surtout affreux quand il déchire des cœurs à qui leur penchant comme leurs positions interdisent également tous les moyens de plaire un peu hasardés (ARM 151).[214]

Ähnliche Qualen widerfahren auch der *Princesse*, als diese den fingierten Liebesbrief an M. de Nemours findet, denn erst angesichts ihrer Eifersucht erlebt sie das ganze Ausmaß ihrer Liebe.

Octave hingegen durchlebt großes Leid, als ihm erst sehr spät im Handlungsverlauf bewusst wird, dass er seine Kusine leidenschaftlich liebt und sich daher eingestehen muss, sich lange Zeit etwas vorgemacht zu haben: „Mais j'étais donc hypocrite avec moi-même ?" (ARM 161). Daraus resultiert seine zuvor zitierte Selbstverachtung:

> Avec quel plaisir il se serait donné la mort, en punition de sa faiblesse et comme pour se faire réparation d'honneur ! – Oui, se disait-il, mon cœur est digne de mépris parce qu'il a commis une action que je m'étais défendue sous peine de la vie, et mon esprit est, s'il se peut, encore plus méprisable que mon cœur. Je n'ai pas vu une chose évidente : j'aime Armance (ARM 160).

Es lässt sich also abschließend festhalten, dass die Hauptfiguren in *Armance* die sieben Phasen der in *De l'Amour* verfassten Liebestheorie detailgetreu durchleben. Die im Traktat postulierte Vorrangstellung des *amour-passion*, zu welchem die Liebenden im Prozess der *cristallisation* gelangen, hat auch im Roman Priorität. Da es sich bekanntlich laut Stendhal bei der *cristallisation* um eine geistige Tätigkeit handelt und die sinnliche Liebe somit in den Hintergrund rückt, erweist sich das Thema der Impotenz bei einer solchen Darstellung als sehr vorteilhaft.

Auch die Traditionen, auf welche Stendhal rekurriert, konnten in der Analyse sichtbar gemacht werden, sodass nicht nur jene bereits durch die französischen Moralisten ausgeübte Entlarvungspsychologie, sondern auch der Einfluss Helvétius und Mme de Lafayettes zum Tragen kamen. Der bereits in der *Princesse de Clèves* dargestellte Grundwiderspruch der Zeit, welcher in der Problematik von der Unvereinbarkeit zwi-

---

[214] Vgl. hierzu AM, Kapitel 35 „De la jalousie": „Vous rencontrez une jolie femme galopant dans le parc, et le rival est fameux par ses beaux chevaux qui lui font faire dix milles en cinquante minutes. Dans cet état la fureur naît facilement ; l'on ne se rappelle plus qu'en amour, posséder n'est rien, c'est jouir qui fait tout ; l'on exagère l'insolence que lui donne ce bonheur, et l'on arrive au comble des tourments, c'est-à-dire à l'extrême malheur empoisonné encore d'un reste d'espérance" (123).

schen persönlichem Sein und gesellschaftlichem Schein Ausdruck findet und zur Resignation der Protagonistin führt, findet sich auch bei Stendhal wieder, wird jedoch in der Weise weiterentwickelt, dass die Stendhalschen Hauptfiguren nun in Opposition zur Gesellschaft treten und gleichermaßen aus dieser heraus ihre Entstehung finden.

3.2 *Le Rouge et le Noir*
3.2.1 Ein Stück Zeitgeschichte

Wo der zeitgeschichtliche Bezug in *Armance* mit Auerbach als „noch unvollkommen und auf allzu engen Raum beschränkt"[215] hingestellt werden kann, behauptet derselbe Autor in seinem bekannten Kapitel „Im Hôtel de La Mole" bezüglich *Le Rouge et le Noir*:

> [...] dass man die tragisch gefasste Existenz eines Menschen niederen sozialen Ranges, wie hier die Julien Sorels, so konsequent und grundsätzlich in die konkreteste Zeitgeschichte einbaut und aus derselben entwickelt, das ist ein ganz neues und überaus bedeutendes Phänomen.[216]

Das heißt also, obwohl schon in *Armance* die sozialen und politischen Zusammenhänge den Bedingungshintergrund für das Sein und Handeln der Figuren mit ausmachen, so geschieht dies dennoch lediglich im Kreise der adeligen Salons. In Stendhals Hauptwerk hingegen durchläuft der selbst aus der Unterschicht stammende Held verschiedene soziale Milieus, sodass zum einen für die Epoche repräsentative Charaktere und Situationen verschiedener gesellschaftlicher Stände gezeichnet werden und zum anderen - wie Schulz-Buschhaus treffend bemerkt - überdies zu einer Ganzheit verknüpft werden.[217] Dadurch wird nicht nur dem Thema des sozialen Aufstiegs eine bis dahin unbekannte Schärfe verliehen, auch dem eigenen Erleben des Helden kommt eine völlig neue Bedeutung zu. Die Eindrücke ziehen nämlich nicht nur an dem Protagonisten vorbei, sondern er gewinnt stetig an Erfahrung, sodass die Gesamtheit eines gesellschaftlichen Systems in seine Erlebniswelt eingreift. Auch wenn Julien, wie später zu zeigen sein wird, durch seine napoleonische Lektüre eine Art überholten Heroismus verfolgt, so ändert sich dennoch seine Wahrnehmung bei jedem Übergang in ein anderes soziales Milieu. Wie oben bereits mit Auerbach angedeutet wurde, so ist aber auch Schulz-Buschhaus der Ansicht, dass das wirklich Neuartige in *Le Rouge et le Noir* nicht allein „die prägende Macht [ist], die das Soziale [...] über das individuelle Bewusstsein antritt", sondern viel wichtiger ist, dass das „Soziale immer historisch spezifiziert wird":

---

[215] Auerbach (1946), 425.
[216] Auerbach (1946), 425.
[217] Schulz-Buschhaus: *Stendhal, Balzac, Flaubert*, in: *Französische Literatur in Einzeldarstellungen*, Band 2, *Von Stendhal bis Zola*, hrsg. von P. Brockmeier u. H. Wetzel, Stuttgart, 1982, 9.

> In dieser Spezifikation bleibt Julien nicht einfach der Kleinbürgersohn; vielmehr erscheint er von Anfang an als der Bürger, der unter dem Einfluss der Revolution und der napoleonischen Kriege das Ziel einer heroischen, auf Machtübernahme ausgerichteten Existenz verfolgt.[218]

Wie bereits im Kapitel über die Spiegelmetapher gezeigt wurde, sollte man trotz Stendhals Absicht, die inneren geschichtlichen Zusammenhänge verschiedener Milieus seiner Zeit erfassen und aufzeigen zu wollen, nicht die Bedeutung aus den Augen verlieren, welche er der Darstellung der Leidenschaften beimisst. Auerbach betont:

> Im Einzelnen ist seine Geschehensdarstellung ganz im Sinne der klassisch-moralischen Psychologie auf eine « analyse du cœur humain » gerichtet. [...]; nicht auf die Erforschung oder Ahnung geschichtlicher Kräfte.[219]

Im nächsten Kapitel wird nun zu zeigen sein, wie die von Stendhal dargestellte bürgerlich-restaurative Gesellschaft von zwei Instanzen konfrontiert wird. Nämlich wie Michael Nerlich sehr treffend formuliert hat, von „dem nicht angepassten, energischen und moralisch integren, der (Liebes-) Leidenschaft fähigen Individuum, dem plebejischen Außenseiter à la Julien Sorel [...] und der Frau."[220]

3.2.2 Die Erscheinungsformen der Liebe – *amour-passion* vs. *amour-propre*

3.2.2.1 Der Protagonist Julien Sorel

Der Held des Stendhalschen Hauptwerks, Julien Sorel, ist der Sohn eines Zimmermanns (RN 57) und daher durch seine niedere soziale Herkunft charakterisiert. Er wird vom Erzähler als „petit" (RN 74) und „pauvre paysan" (RN 77) eingeführt, aber sticht dennoch von Anfang an durch seine Intelligenz und seine Begabung des Zitierens und Übersetzens aus der Masse seiner Mitmenschen heraus. Julien ist einer jener Stendhalschen Ausnahmemenschen, an dessen Beispiel der Autor zu zeigen versucht, „dass in einem epochalen Wandel des anthropologischen Verständnisses nun auch der hochfliegendste, extravaganteste Individualismus nicht mehr außerhalb von Gesellschaft und Geschichte zu denken ist."[221]

---

[218] Schulz-Buschhaus (1982), 9. Auch Dethloff (1997) betont: „Juliens Ehrgeiz, Empfindlichkeit und Hypokrisie sind nicht exzessive Charakterzüge, sondern durch die Restaurationsgesellschaft induzierte Verhaltensstrategien. [...] Erst aus der Atmosphäre des aufstiegsfeindlichen Kastendenkens vor der Julirevolution wird die Figurenkonzeption eines Julien Sorel begreifbar", 98.

[219] Auerbach (1946), 431. Mit dieser These stimmt auch Alciatore (1952) überein: „Le réalisme de Stendhal ne consiste pas, comme nous l'avons dit, dans une reproduction photographique de la nature, ou dans la peinture de la médiocrité : il est psychologique. C'est par la peinture exacte des sentiments que l'artiste imite fidèlement la nature. Il faut toujours qu'il fasse parler ses personnages conformément à la passion qui les anime. Il y a une manière précise d'exprimer chaque sentiment et chaque nuance de sentiment", 271.

[220] Nerlich (1993), 88.

[221] Schulz-Buschhaus (1982), 10.

Wie sein Vorgänger, Octave, zeichnet sich auch Julien durch sein „être singulier" (RN 120), seine „âme si ardente" (RN 95) sowie sein „esprit hardi et sain" (RN 253) aus und besitzt außerdem eine außergewöhnliche Schönheit (RN 63, RN 76, RN 177). Ein großer Unterschied zwischen den beiden Helden ist bekanntlich die niedere Geburt Juliens und sein daraus resultierender Geltungsdrang. Er verspürt Hass gegenüber der Gesellschaft[222], welcher sich, wie wir sahen, in Octaves Widerstandsnatur bereits andeutet, sich aber bei dem Protagonisten des Stendhalschen Hauptwerkes dermaßen verschärft, dass man mit Friedrich behaupten kann:

> Jedoch kann er die ihm anhaftende niedere Geburt nur ausgleichen durch eine gewaltsame und asoziale Selbstbehauptung. Ursprünglich war diese ein reiner Idealismus, ein durch das Vorbild Napoleons genährter Glaube an die Größe persönlicher Energie, an die „vertu". Die Erfahrungen im Zusammenstoß mit der Gesellschaft verwandeln diese Anlagen in eine Angleichshaltung, in die „hypocrisie". Der Machtwille verkleidet sich und wird umso gefährlicher.[223]

Wo Octaves Verstellung noch eher künstlich und aufgesetzt wirkte, so wächst Julien durch seine enorme Willensstärke über sich hinaus, sodass man mit Albérès von zwei „moi" sprechen kann: „son moi inférieur, émotif et maladroit, et son moi supérieur, lucide dans l'héroisme calculateur."[224] Er will seine Mitmenschen bewusst manipulieren, um seinen sozialen Aufstieg vollziehen zu können und ist dabei dermaßen von seinem Vorhaben durchdrungen, dass er seine Emotionen ganz und gar hinten anstellt. Niemand darf Einblicke in seine innere Gefühlswelt bekommen, da diese durch große Schüchternheit und Selbstzweifel gekennzeichnet ist. Der Leser erfährt die wahren Gedanken Juliens lediglich durch seine inneren Monologe und einige linkische Reaktionen. Demzufolge wird der Held in solch großem Maße von seinem Drang nach Selbstbehauptung und von seinem Machtwillen beherrscht, dass er mit La Rochefoucauld als einer jener fremdbestimmten Individuen hingestellt werden kann, dessen Handlungsimpulse der Eigenliebe entspringen. Da es ihm vor allem um den Erhalt seiner eigenen Ehre geht, lässt sich festhalten, dass Juliens *amour-propre* eine große Rolle in seiner Entwicklung spielt und sein konsequentes Anerkennungsbedürfnis hervorruft.

Stendhal kritisiert mit seinem Helden, wie bereits erwähnt wurde, die Unmöglichkeit durch individuellen Verdienst zu Anerkennung zu gelangen und schafft mit Julien eine

---

[222] Vgl. beispielsweise RN: „Pour lui, il n'éprouvait que haine et horreur pour la haute société où il était admis, [...]. Il y eut certains dîners d'apparat où il put à grand' peine contenir sa haine pour tout ce qui l'environnait" (83ff); „Voilà, se disait-il, comme sont ces gens riches, ils humilient et croient ensuite pouvoir tout réparer, par quelques singeries !" (90); „Quel ensemble ! se disait julien ; ils me donneraient la moitié de tout ce qu'ils volent, que je ne voudrais pas vivre avec eux. Un beau jour, je me trahirais ; je ne pourrais retenir l'expression du dédain qu'ils m'inspirent" (215).
[223] Friedrich (1980), 48.
[224] Albérès (1956), 377.

jener zuvor genannten Anklagefiguren. Doch nicht nur die Restaurationsgesellschaft erscheint auf diese Weise als eine auf Oberflächlichkeiten basierende Gemeinschaft, in welcher einem „Freigeist" (RN 261) wie Julien die Unabhängigkeit verweigert wird, sondern auch Julien schneidet in seiner Beschreibung als „homme supérieur" nicht immer brillant ab. So erscheint beispielsweise sein im Kapitel 3.2.1 zitiertes „Ziel einer heroischen, auf Machtübernahme ausgerichteten Existenz", welches auf seiner Napoleon-Bewunderung[225] beruht, oftmals nicht weniger lächerlich. Durch sein Vergöttern dieses französischen Herrschers, welcher einen jungen, mutigen Bauern zum Hauptmann und sogar zum General machte, erscheint er in der Restaurations-gesellschaft nicht nur von vornherein als anachronistisch, sondern verfällt dem Selbstbetrug, einen solchen Aufstieg auch selbst vollziehen zu können. Die „Übertragung des Bonapartismus"[226] auf sein eigenes Leben äußert sich in Charaktereigenschaften wie Ehrgeiz, Energie, Stolz, Selbstdisziplin und Pflicht-bewusstsein, welche der eigenen Befreiung dienen sollen, in Wahrheit aber die Probleme seines wirklichen Daseins erst verursachen. Diese Begriffe haben sich nämlich mittlerweile längst ihres einstigen Inhalts entleert und helfen ihm lediglich, sein banales Leben vor sich selbst als heroisch hinzustellen.[227] Würde der Held seinen Heroismus und somit seine Widerstandshaltung gegenüber der Gesellschaft aufgeben und das Leidenschaftliche, welches in den ungünstigsten Momenten aus ihm hervor-bricht, zu unterdrücken wissen, so stünden ihm ohne weiteres einige Wege offen, einen höheren sozialen Rang zu erreichen.[228] Aber wie Schulz-Buschhaus bemerkt, so hat Stendhal gar nicht versucht, mit Julien einen typischen Emporkömmling darzustellen, sondern vielmehr geht es ihm darum, wortwörtlich einen Helden zu zeigen, dessen primärer Ehrgeiz - beeinflusst durch Napoleon - sich auf ein „heroisches Leben" richtet und nur insofern auf eine gesellschaftliche Karriere aus ist, als dass sie für ein „vie héroïque" als Voraussetzung dienen kann.[229] Auch Naumann behauptet in diesem Zusammenhang:

---

[225] Vgl. hierzu RN: „Ô Napoléon ! qu'il était doux de ton temps de monter à la fortune par les dangers d'une bataille" (212).
[226] Friedrich (1980), 51. Vgl. auch Übertragungen wie: „Pourquoi ne serait-il pas aimé de l'une d'elles, comme Bonaparte, pauvre encore, avait été aimé de la brillante madame de Beauharnais ?" (RN 71); „C'était la destinée de Napoléon, serait-ce un jour la sienne ?" (RN 119) ; „Sous Napoléon, j'eusse été sergent ; parmi ses futurs curés, je serai grand vicaire" (RN 258).
[227] Manfred Naumann: *Prosa in Frankreich. Studien zum Roman im 19. und 20. Jahrhundert*, Berlin 1978, 93ff.
[228] Naumann (1979), 89ff.
[229] Schulz-Buschhaus (1982), 11. Der Autor unterstreicht diese Annahme damit, dass Stendhal seinen Helden sehr offensichtlich von „wirklichen" Aufsteigern, wie Mme de Fervaques und M. de Chélan abgrenzt: „Madame de Fervaques vit ces larmes ; […], que cette âme de grande dame, dès longtemps saturée de tout ce que la fierté de *parvenue* a de plus corrodant, en fut touchée" (Hervorhebung durch Stendhal) (RN 558) ; „L'abbé, véritable parvenue, […]" (RN 354).

> Julien stillt mit seinem Napoleon-Kult nur seinen persönlichen Bedarf an Energiezufuhr. Bonaparte ist ihm der Beweis für die Mächtigkeit einer zu allem entschlossenen Individualität, die ihren Willen nach Belieben einer widerstrebenden Gesellschaft aufzwingt.[230]

Mit anderen Worten heißt dies, dass der Protagonist die politischen Machthaber der Revolution nicht ihrer historischen Taten wegen verehrt, denn sonst wüsste er, dass Napoleon selbst nicht ganz unschuldig an der Situation war, welche Julien verachtet. Was dem Stendhalschen Helden imponiert, sind lediglich die Eigenschaften dieser Herrscher, und diese versucht er nun fortan auch sich selbst anzueignen. Dass er dabei stets der Gesellschaft unterlegen bleibt, zeigt nach Naumann bezeichnenderweise schon deren Zuweisung seines „Schlachtfeldes", nämlich der persönliche Bereich.[231] Wenn nun Julien in der so oft zitierten „Handszene" voller Glücksgefühle an seinen erfüllten „*devoir héroïque*" (Hervorhebung durch Stendhal) denkt, welchen er durch das Ergreifen von Mme de Rênals Hand vollbracht hat, so kann man mit Friedrich durchaus von „einer Lächerlichkeit, die nicht mehr zum Lachen reizt"[232] sprechen. Auch die vielen anderen Verführungsszenen, in welchen von Juliens *devoir* die Rede ist, wirken aufgrund der deutlichen Unverhältnismäßigkeit sehr komisch. So beispielsweise:

> Au moment précis où dix heures sonneront, j'exécuterai ce que, pendant toute la journée, je me suis promis de faire ce soir, ou je monterai chez moi me brûler la cervelle (RN 107).

Trotz der ridikülen Erscheinung, welche Julien in Momenten seiner Pflicht abgibt, muss man sich stetig vor Augen führen, dass ihn gerade diese auch zu etwas Erhabenem macht. Da er auf diese Weise nämlich seine Vorstellungskraft beweist - und die Imagination laut Stendhal bekanntlich positiv belegt ist[233] - betont dies seinen Ausnahmecharakter.[234] Auch Schmid erläutert in diesem Zusammenhang:

> Gerade die Tatsache, dass Stendhals Protagonisten gewisse Handlungen als ihre Pflicht betrachten und diese allen Schwierigkeiten zum Trotz ausführen, macht sie zu Ausnahmemenschen, zu „hommes supérieurs". Indem sie dabei ein überdurchschnittliches Ehrgefühl ins Werk setzen, zeigen sie ihre Großzügigkeit und Charakterstärke.[235]

---

[230] Naumann (1978), 92.
[231] Naumann (1978), 92.
[232] Friedrich (1980), 51.
[233] Dass Julien als „être d'imagination" charakterisiert ist, belegen die vielen Andeutungen auf ebendiese, vgl. beispielsweise: „Il avait besoin de laver son imagination de toutes les façons d'agir vulgaires (RN 216) ; „Julien eût voulu songer aux intérêts matériels de la cathédrale, son imagination, s'élançant au-dela du but, [...]" (RN 278).
[234] Außerdem erinnern wir uns an den Einfluß Helvétius bezüglich des „devoir"- Begriffes: „Mais ce ne sont que les âmes généreuses et les bonnes têtes qui comprennent l'idée du devoir. Ils trouvent leur plaisir ou leur intérêt à exécuter des actions que les hommes appellent héroïques", Alciatore (1952), 180.
[235] Schmid (1991), 185. Auch in RN heißt es: „Au lieu d'être attentif aux transports qu'il faisait naître, et aux remords qui en relevaient la vivacité, l'idée du devoir ne cessa jamais d'être présente à ses yeux. [...]. En un mot, ce qui faisait de Julien un être supérieur fut précisément ce qui l'empêcha de goûter le bonheur qui se plaçait sous ses pas" (147).

Neben seinen selbst auferlegten Pflichten bedient sich Julien in Gedanken außerdem eines militärischen Vokabulars[236] und bildet sich auf diese Weise ein, etwas Besonderes zu sein. Somit schafft er sich nicht nur ein positives Selbstbild, mit dessen Hilfe er die wahren Motive seines Handelns seinem eigenen Bewusstsein entzieht, sondern überdies gelingt es ihm, sein Geltungsbedürfnis zu befriedigen und seine ausgeprägte Eigenliebe zu stärken. Diese würde nämlich in der Wirklichkeit durch sein in Wahrheit unheroisches Leben ständig enttäuscht werden. Diese Funktion des *amour-propre* der Selbstaufwertung begegnete uns bereits bei La Rochefoucauld und steht in einem engen Zusammenhang mit dem ebenfalls von diesem entwickelten Phänomen des Selbsterhaltungstriebes. Selbstverständlich haben wir es bei Julien mit einer übersteigerten Form zu tun, handelt es sich doch nicht um biologische oder materielle Daseinserhaltung, sondern, wie Friedrich betont, nennt Stendhal diesen Selbsterhaltungstrieb „le désir du bonheur"[237]. Da seine Psyche völlig von karrieristischen Gedanken erfüllt ist, lässt sich über Julien, wie überhaupt über die Stendhalschen Helden, in diesem Zusammenhang behaupten: „Ses héros énergiques excitent parfois un peu de terreur, par l'intensité de leurs passions, par la force et la grandeur de leur caractère."[238]

Kann am Anfang der Handlung - nämlich in Verrières und in der ersten Zeit des Priesterseminars, wo Julien seine Andersartigkeit stets verbirgt - noch eher von Selbstschutz[239] die Rede sein, so geht seine Hypokrisie im Hause de La Mole soweit, dass sie mit Selbsterhalt nichts mehr gemein hat, sondern Julien sogar an die eigene Substanz geht. Es grenzt schon fast an Verfolgungswahn, wenn der Held hinter allem eine Verschwörung vermutet, wie im 13. Kapitel, wo er in Mathildes Nettigkeiten nur gemeine Intrigen sieht. Da Julien jedoch mit der Leidenschaft eines typisch Stendhalschen *homme supérieur* seine selbst aufgestellten Pläne durchführt und sich in Paris von der adeligen, „langweiligen" Gesellschaft in dem Maße abhebt, dass er für dessen Mitglieder interessant wird, so bringt ihn sein Anderssein dort hoch hinaus. Auch wenn immer wieder seine Verachtung der ihm so verhassten Gesellschaft erwähnt wird, gliedert der

---

[236] Vgl. RN: „Oui, j'ai gagné un bataille, […]. C'est là Napoléon tout pur" (123); „Comme le soldat qui revient de la parade, Julien fut attentivement occupé de repasser tous les détails de sa conduite" (148) ; „En poursuivant le revue de sa position, Julien vit qu'il ne fallait pas songer à la conquête de madame Derville" (138) ; „Il se compara à un général qui vient de gagner à demi une grande bataille" (560).
[237] Friedrich (1980), 37.
[238] Alciatore (1952), 235.
[239] Vgl. RN: „Mais on ne trouva chez lui que réserve et silence. Suivant les maximes qu'il s'était faites, il considéra ses trois cent vingt et un camarades comme des ennemis" (256); „Aussi passait-il parmi ses camarades pour un esprit fort. […] À leurs yeux, il était convaincu de ce vice énorme, il *pensait, il jugeait par lui-même*, au lieu de suivre aveuglément *l'autorité* et l'exemple. […] Il […] sortit un peu de ce silence hautain avec lequel il repoussait ses camarades" (Hervorhebung durch Stendhal) (261).

Protagonist sich scheinbar immer mehr in das Gefüge der restaurativen Gesellschaft ein und scheint schließlich mit seinem Titel „Julien Sorel de la Vernaye" ein Teil von ihr geworden zu sein. Was nun aber der Schluss des Romans, das heißt der Schuss Juliens auf Mme de Rênal und seine Verurteilung zum Tode in diesem Zusammenhang zu bedeuten haben, wird später zu klären sein. Zuvor soll noch etwas genauer auf Juliens Charakterbildung beim Durchlaufen der verschiedenen sozialen Milieus eingegangen werden. Friedrich spricht davon, dass der Stendhalsche Held „von Erfahrung zu Erfahrung […] gleichsam Jahresringe ansetzt"[240], wodurch zum Ausdruck gebracht werden soll, inwieweit sich Juliens Individualität von Kapitel zu Kapitel weiterentwickelt. Schon anfänglich im Kreise seiner Familie tritt Julien aufgrund seiner äußerlichen und psychischen Andersartigkeit als Außenseiter auf und wird sowohl von seinem Vater als auch seinen Brüdern unter anderem wegen seiner Leseleidenschaft als Last angesehen:

> Eh bien, paresseux ! tu liras donc toujours tes maudits livres, pendant que tu es de garde à la scie ? Lis-les le soir, quand tu va perdre ton temps chez le curé, à la bonne heure. […] Dès sa première jeunesse, son air extrêmement pensif et sa grande pâleur avaient donné l'idée à son père qu'il ne vivrait pas, ou qu'il vivrait pour être une charge à la famille. Objet de mépris de tous à la maison, il haïssait ses frères et son père (RN 63ff).

Aus diesem Hass gegenüber seiner Familie und aus dem Absolutheitsanspruch, welchen er aus seinen Büchern zieht[241], entwickelt Julien schon sehr früh eine Abneigung gegenüber der Gesellschaft, welche scheinbar alles missachtet, was ihm selbst wichtig ist.[242] Während Juliens weiterem Werdegang wird daraus eine regelrechte Abwehrhaltung der bereits oben erwähnten „hypocrisie".[243] Wichtig ist, dass diese bei Stendhal nicht negativ konnotiert ist:

---

[240] Friedrich (1980), 49.
[241] Franziska Meier bemerkt in diesem Zusammenhang: „[…] der Absolutheitsanspruch, den Julien mit diesen Büchern verbindet – sie dienen ihm als alleiniger Referenzpunkt, nach dem er seine Vorstellungen von der Gesellschaft ausrichtet, an dem er sein Verhalten orientiert und jede Wahrnehmung misst." (Franziska Meier: *Leben im Zitat. Zur Modernität der Romane Stendhals*, Tübingen 1993, 49).
[242] Die Gegensätzlichkeit der Figuren ergibt sich aus der Personenstruktur, welche dem Stendhalschen Werk zu Grunde liegt. Sie beruht auf dem zuvor erwähnten Prinzip der Analogie der Charaktere. Dadurch, dass sich Julien durch seinen Esprit von seiner analphabetischen Familie abhebt, kann zwischen ihnen keine Anziehung stattfinden. Da sich dieses Phänomen durch das gesamte Werk zieht, findet Julien selten Freunde oder Gleichgesinnte und erscheint als Außenseiter. Im Priesterseminar sieht der Abbé Pirard in Julien „quelque chose qui offense le vulgaire" (RN 282), womit der Held in dem Priester ein weiteres außergewöhnliches Individuum findet, aber zugleich wiederum von seinen Mitschülern, den „êtres grossiers" (RN 257), abgegrenzt wird. In Paris versteht sich Julien sehr gut mit M. de La Mole, mit dem er auf einen weiteren *homme supérieur* trifft. Hierzu Alciatore (1952): „Les personnages des romans de Stendhal se divisent en deux classes distinctes : les âmes passionnées, énergiques et héroïques, qui admirent les actions généreuses ; les âmes étiolées, froides et basses qui jettent le ridicule sur ces mêmes actions", 197.
[243] Vgl. RN: „Il ne faut pas trop mal augurer Julien ; il inventait correctement les paroles d'une hypocrisie cauteleuse et prudente" (98) ; „Ai-je bien joué mon rôle ? Et quel rôle ? celui d'un homme accoutumé à être brillant avec les femmes" (148) ; „Il y eut des moments où, malgré ses habitudes d'hypocrisie, il

> Ainsi, Julien Sorel, Lucien Leuwen, [...] changent-ils aussi souvent le visage que de lieu : ils se conforment à l'idée que leur auditoire se fait d'eux. L'hypocrisie stendhalienne est donc une nécessité purement défensive, sans connotation péjorative, et qui s'oppose à l'acte vil que pratique un Tartuffe.[244]

Nach dem Verlassen seines Elternhauses ist die erste Station in Juliens Entwicklung seine Stellung als Hauslehrer im Hause de Rênal in seiner Heimatstadt Verrières. Als noch eher unbedeutendes Individuum gerät er hier mit Unterstützung des Abbé Chelan zwischen die beiden großbürgerlichen, politischen Kräfte Rênal und Valenod, deren Konkurrenzkampf er zu seinen Gunsten ausnutzen kann, und durch welche er später ins Priesterseminar nach Besançon gelangt, wo die zweite Etappe seiner Entwicklung beginnt.[245]

Im Hause de Rênal ist die erste prägende Erfahrung Juliens die Macht des Klerikalen. Er durchschaut sehr schnell, dass er durch das Vortäuschen einer kirchlichen Gesinnung im durch Thron und Altar regierten Frankreich bestimmte Ziele erreichen kann und scheut fortan nicht davor zurück, seinen Unglauben durch die Rolle des Geistlichen zu ersetzen. Zwar erreicht der Protagonist so seine erste „Machtstufe"[246], dennoch geht dieses Rollenspiel nicht spurlos an dem Stendhalschen Helden vorüber, sondern führt durch die Unterdrückung seines wahren Charakters zu affektbedingtem Handeln. Dies macht sich besonders in seiner Begegnung mit der Frau bemerkbar, welche überdies für den jungen Helden eine ganz neue Erfahrung darstellt. In *De L'Amour* lesen wir über den ehrgeizigen Liebenden:

> Le premier amour d'un jeune homme qui entre dans le monde est ordinairement un amour ambitieux. Il se déclare rarement pour une jeune fille douce, aimable, innocente. Comment trembler, adorer, se sentir en présence d'une divinité ? Un adolescent a besoin d'aimer un être dont les qualités l'élèvent à ses propres yeux (AM 259).

Dadurch, dass sich Mme de Rênal prompt in Julien verliebt, nutzt der Held diese Liebe als Mittel in seinem Kampf um Anerkennung in der Gesellschaft, denn er steht sich anfangs bezüglich seiner eigenen Gefühle gegenüber dieser Frau selbst im Weg. Er kann sich aufgrund des psychologischen Phänomens des Ressentiments der Liebe zu Mme de Rênal nicht öffnen, sondern tritt ihr nur mit Hassgefühlen gegenüber: „Julien trouvait madame de Rênal fort belle, mais il la haïssait à cause de sa beauté." (RN 84) Daraus erwächst auch sein *devoir*, welcher „den Umschlag von der naiven Natur in die

---

trouvait une douceur extrême à avouer à cette grande dame qui l'admirait, son ignorance d'une foule de petits usages" (153).
[244] Clément Egger: *Stendhal. Biographie, Étude de l'œuvre,* Éditions Albin Michel S.A., 1993, 84.
[245] Naumann (1978), 96.
[246] Friedrich (1980), 49.

kalte Berechnung ausdrückt"[247] und dazu führt, dass Julien fortan seinen *amour-passion* verdrängt und von seinem Machttrieb ergriffen, seinen Geltungsdrang durch Eroberungen Mme de Rênals zu stillen versucht. Würde er seine wahren Gefühle preisgeben, wäre für ihn das Risiko des Machtverlustes über sich selbst und sein Umfeld allzu groß:

> Cette main se retira bien vite ; mais Julien pensa qu'il était de son devoir d'obtenir que l'on ne retirât pas cette main quand il la touchait. L'idée d'un devoir à accomplir, et d'un ridicule ou plutôt d'un sentiment d'infériorité à encourir si l'on n'y parvenait pas, éloigna sur-le-champ tout plaisir de son cœur (RN 105).

Der Ehrgeiz, welcher mit dem Zurückziehen der Hand sofort in Julien geweckt wird, unterstreicht einerseits den wertvollen Charakterzug seines Wesens, welcher ihn zu etwas Außergewöhnlichem werden lässt. Andererseits zeigt er aber auch, wie absolut seine Pflicht gesetzt ist und inwieweit das „natürliche Vergnügen des Herzens" unter dieser leidet. Genauso wie schon für Octave, so ist auch für Julien der Gedanke schlimmer, seiner Pflicht nicht nachzukommen und sich in der Folge seiner Selbstkritik auszusetzen, als in einem gewissen Moment seine Schüchternheit zu überwinden. Ganz im Sinne Helvétius' folgt der Held dem Weg des geringsten „douleurs" und des größten „plaisirs" und empfindet demnach zu dieser Zeit noch keine wahre Liebe, sondern seine vorherrschende Leidenschaft ist sein Ehrgeiz. Auch Stendhal bemerkt in *De l'Amour*: „L'homme n'est pas libre de ne pas faire ce qui lui fait le plus de plaisir que toutes les autres actions possibles." (AM 43)

Somit wird der durch den Protagonisten verkörperte *amour-passion* anfänglich fast ausschließlich von seinem Streben nach Machttriumphen überdeckt, aber zeigt sich dennoch in ganz wenigen Augenblicken, in denen Julien seine Rolle kurzzeitig vergisst:

> La méfiance et l'orgueil souffrant de Julien, qui n'avaient surtout besoin d'un amour à sacrifices, ne tinrent pas devant le vue d'un sacrifice si grand, si indubitable et fait á chaque instant. Il adorait madame de Rênal. Elle a beau être noble, et moi le fils d'un ouvrier, elle m'aime… Je ne suis pas auprès d'elle un valet de chambre chargé des fonctions d'amant. Cette crainte éloignée, Julien tomba dans toutes les folies de l'amour, dans ses incertitudes mortelles (RN 182).

Nachdem Julien nun in Verrières seine ersten Erfahrungen gemacht hat, ist seine „Verwandlung" in Gang gesetzt worden, sodass sich im nächsten Abschnitt seiner Entwicklung, nämlich im Priesterseminar, ein neuer „Ring" um ihn legen kann. Anfangs noch eher vorsichtig, doch mit der Zeit immer geübter, entwickelt Julien hier seine Kunst des Heuchelns in dem Maße weiter, dass er Unterwürfigkeit mimt und den gleichen Stumpfsinn wie seine Mitschüler vorgibt. Auch wenn er glaubt, große Erfolge in diesem Anpassungsverhalten verbuchen zu können, so gelingt es ihm nicht immer, denn er fällt

---

[247] Friedrich (1980), 51.

häufig durch sein impulsives Wesen auf. Erschwert wird seine Situation zweifellos dadurch, dass er sich das Ziel der Priesterkarriere gesetzt hat, welches ganz und gar seinem energischen und leidenschaftlichen Wesen widerspricht. Aber da er sich schon von Kindheit an eine große Karriere vorgestellt hat[248], ist dies im restaurativen Frankreich die einzige Möglichkeit, welche sich ihm bietet. Vorteilhaft hingegen ist seine strebsame Art, welche keinerlei Arbeit scheut und ihm somit den Weg wieder ein wenig ebnet, um diesen mit Ehrgeiz bestreiten zu können. Hilfreich ist ihm dabei zuweilen die Einsamkeit im Seminar, da er sich dann voll und ganz seiner Bildung widmen kann. Auch Octave ist ein Mensch, welcher die Einsamkeit genießt, um sich seinen Studien hingeben zu können, und welcher daher bedauert, sich in das Leben der Salons eingliedern zu müssen. Diese Parallele lässt den Schluß zu, dass Stendhal in der Tradition Helvétius' seinem *homme supérieur* diesen Bildungsweg als unausweichlich vorgibt. In *De l'Esprit* heißt es: „Dans le monde, on apprend à bien exprimer ses idées, mais c'est dans la retraite qu'on les acquiert." (DE IV, 41)

Mit Hilfe seines Lehrers und Beschützers, dem Abbé Pirard, gerät Julien auf seine dritte Etappe des Hauses de La Mole in Paris. Hier trifft er auf den für die Epoche typischen *ennui* der Salons, an welchem bereits Octave verzweifelte, und der sich folgendermaßen ausdrückt:

> „Von dem, was alle Welt interessiert, von den politischen und religiösen Problemen, und infolgedessen auch von den meisten literarischen Gegenständen der Gegenwart oder der jüngsten Vergangenheit darf in diesen Salons nicht gesprochen werden, oder doch nur in offiziellen Phrasen, die so verlogen sind, dass ein Mensch von Geschmack und Takt sie lieber vermeidet."[249]

Deswegen stürzt der Held sich wieder einmal in seine Arbeit und erreicht auch schon bald große Anerkennung, vor allem bei dem Herrn des Hauses, M. de La Mole, welcher ihn als gleichberechtigten *homme supérieur* ansieht.[250] Auch in diesem Lebensabschnitt kommt eine neue Erfahrung der Frau hinzu, diesmal allerdings in Form einer emanzipierten, genauso stolzen und ehrgeizigen Seele, wie jene des Helden selbst. Dadurch, dass Juliens Tage nicht vollends von seiner Arbeit ausgefüllt sind, und ihn zwischen-

---

[248] Vgl. RN: „Qui eût pu deviner que cette figure de jeune fille, si pâle et si douce, cachait la résolution inébranlable de s'exposer à mille morts plutôt que ne pas faire fortune ? [...] De sa premiere enfance, il avait eu des moments d'exaltation. Alors il songeait avec délices qu'un jour il serait présenté aux jolies filles de Paris ; il saurait attirer leur attention par quelque action d'éclat" (71).
[249] Auerbach (1946), 423.
[250] Dass auch M. de La Mole ein Ausnahmemensch ist, zeigt sich in der Analogie zu Julien: „Julien ne s'intéressait à rien qu'à M. de La Mole" (RN 353); „M. de La Mole s'intéressa à ce caractère singulier" (RN 379); „Les bontés du marquis étaient si flatteuses [...], que bientôt, malgré lui, il éprouva une sorte d'attachement pour ce vieillard aimable" (RN 380).

durch die Langeweile packt[251], wird der Protagonist für die Liebe der Tochter des Hauses de La Mole empfänglich und liefert sich mit ihr eine wahre „Schlacht". Da für ihn sein Ehrgeiz bekanntlich eng zusammenhängt mit der Liebe, durch welche er sich Ruhm und Ehre verspricht, sieht er in Mathilde durch ihren gesellschaftlichen Stand die passende Frau.[252] Dass also der *ennui* sowie seine Eigenliebe und auch sein Stolz als Auslöser dieser Liebe zu sehen sind, und ihn diese Beziehung aus diesem Grunde wesentlich mehr beansprucht als jene zu Mme de Rênal, wird an späterer Stelle bezüglich der *cristallisation* der Paare zu zeigen sein.

Wie es scheint, hat der Stendhalsche Held sich zum Ende des Romans hin in die von ihm abgelehnte Gesellschaft eingegliedert und erfüllt im Auftrage des M. de La Mole sogar Anordnungen, welche den Interessen seines eigenen Standes hinderlich sind. Dass die Integration gelungen ist, deuten weiterhin folgende Gedanken Juliens an: „Après tout [...] mon roman est fini, et à moi tout le mérite." (RN 585)[253] Wie im Folgenden geklärt werden soll, deutet der Schluss des Romans jedoch auf alles andere als eine Eingliederung des Helden in die Gesellschaft hin.

Dass der Schuss auf Mme de Rênal im Sinne Stendhals „kein kriminelles, sondern ein charakterologisches Moment"[254] ist, meint nicht nur Friedrich, auch Naumann ist der Meinung, dass dies keinen Racheakt darstellt, sondern vielmehr einen Akt der Notwehr zeigt, in welchem das Individuum „sich der degradierenden und korrumpierenden Wirkung" der zeitgenössischen Wirklichkeit zu entziehen versucht.[255] Dadurch nämlich, dass dem Helden auf dem Höhepunkt seiner „Karriere" durch Mme de Rênals Brief seine Selbsttäuschungen, welche er sich mit seinen heroischen Illusionen geschaffen hat, bewusst werden, verfällt er in völlige Desillusionierung und feuert den Schuss auf jene Frau ab, welche er liebt. Dies macht nicht nur deutlich, dass der Mensch laut Stendhal ein affektgesteuertes Wesen ist - überdies hat der Schuss die Funktion, den Protagonisten zu sich selbst zurückkehren zu lassen, ohne dennoch zu dem Julien Sorel zu werden, welcher er vor der Tat war. Im Gefängnis, wo er angesichts des Todes endlich

---

[251] Vgl. RN: „Dès qu'il cessait de travailler, il était en proie à un ennui mortel ; c'est l'effet desséchant de la politesse admirable, mais mesurée, si parfaitement graduée suivant les positions, qui distingue la haute société. Un cœur un peu sensible voit l'artifice" (366).
[252] Vgl. RN: „Mathilde a de la singularité, pensa-t-il ; c'est un inconvénient, mais elle donne une si belle position à son mari !" (394).
[253] Naumann (1978), 97.
[254] Friedrich (1980), 47.
[255] Naumann (1978), 100.

seinen „falschen" Ehrgeiz erkennt[256] und sein Selbstbehauptungsdrang von ihm abfällt, kann er auf sein Herz hören und gesteht sich die Liebe zu Mme de Rênal ein. Gemäß Stendhals Aussage in *De l'Amour*: „Cependant l'amour n'est une passion qu'autant qu'il faut oublier l'amour-propre" (AM 235), verkörpert Julien letztlich den *amour-passion*.

Seine Abwendung von Mathilde unterstreicht gleichermaßen seine Abkehr von dem bis dahin alles beherrschenden Heroismus seines Lebens. Bleibt nur noch eine Frage offen, welche sich Davray zu Recht stellt: „Quand il va mourir, pourquoi est-il si calme et presque satisfait ? N'est-ce pas sa vanité est au comble ? Les deux femmes désirées et qui symbolisent la société, sont à ses genoux, tremblantes d'amour toutes deux."[257] Der Grund für diese Ruhe angesichts des von Julien selbst gewählten Todes, welchen der Generalvikar von Besançon als Selbstmord bezeichnet[258], ist, dass er diese zwar an sich egoistische, resignierende Tat einer gegen seine Vorstellungen laufende Existenz voller Kompromisse vorzieht. Diese Entscheidung ist in der Selbsterkenntnis den Helden zu begründen: „Julien se sentit fort résolu comme l'homme qui voit clair dans son âme." (RN 653) Klein und Lidsky betonen diesbezüglich: „Ayant eu la révélation de la beauté et de l'amour, il illustre par sa maîtrise de soi et son élégance au moment suprême les valeurs stendhaliennes."[259]

3.2.2.2 Die Frauenfiguren Mme de Rênal und Mathilde de La Mole

Die beiden Frauen, welche eine entscheidende Rolle in Juliens Leben spielen, stammen zum einen aus dem Provinzbürgertum und zum anderen aus der alten Aristokratie. Stendhal hat beide Frauentypen in seinem *Projet d'un article non publié sur le Rouge et le Noir* charakterisiert, indem er Mme de Rênal aus der Provinz den wahren *amour-passion* und der Pariserin Mathilde de La Mole den durch die Eigenliebe gekennzeichneten *amour de tête* zuschreibt:

> Cette peinture de l'amour parisien est absolument neuve. Il nous semble qu'on ne la trouve dans aucun livre. Elle fait un beau contraste avec l'amour vrai, simple, *ne se*

---

[256] Vgl. RN: „Serais-je donc un méchant ? Cette question l'eût bien peu occupé quand il était ambitiuex ; alors, ne pas réussir était la seule honte à ses yeux" (614); „L'ambition était morte dans son cœur, une autre passion y était sortie de ces cendres ; il l'appelait le remords d'avoir assassiné madame de Rênal. Dans le fait il était éperdûment amoureux" (616); „On meurt comme on peut ; moi je ne veux penser à la mort qu'à ma manière. Quoi m'importe *les autres* ? " (Hervorhebung durch Stendhal) (620).
[257] Davray (1949), 143.
[258] Vgl. RN: „« Quelle idée a eue votre ami, vient de me dire M. de Frilair, d'aller réveiller et attaquer la petite vanité de cette *aristocratie bourgeoise* ! […], sa mort sera une sorte de *suicide…* »" (Hervorhebung durch Stendhal) (645).
[259] Christine Klein/Paul Lidsky: *Stendhal. Le Rouge et le Noir*, Paris 1971, 67.

regardant pas soi-même, de Mme de Rênal. C'est *l'amour de tête* comparé à l'amour du cœur.²⁶⁰ (Hervorhebung durch Stendhal)

Mme de Rênal scheint nicht nur durch ihren „âme tendre"²⁶¹ besonders empfänglich zu sein für die unverfälschte Liebe, auch ihr einfältiges, provinzielles Umfeld schafft bekanntlich eine Basis angesichts eines Ausnahmemenschen à la Julien Sorel eine *admiration* zu erfahren. Neben einer ausgeprägten Schönheit gehören „un certain air de simplicité, et de la jeunesse dans la démarche" und eine „grâce naive pleine d'innocence et de vivacité" (RN 58) zu ihrem Wesen. Was diese Frau von jenen *parisiennes* der Großstadt unterscheidet, ist, dass „ni la coquetterie, ni l'affectation n'avaient jamais approché de ce cœur" (RN 58). Außerdem liest die Protagonistin angeblich keine Romane, wohingegen in „Paris, l'amour est fils des romans" (RN 89). Somit hat Mme de Rênal also keinerlei Vorbilder, nach welchen sie sich richtet, sondern entscheidet sich im Gegensatz dazu, verstärkt noch durch einige negative Erfahrungen mit ihren primitiven und unsensiblen Mitmenschen (RN 87), für „une manière de vivre tout intérieure" (RN 86).²⁶² Matzat macht in diesem Zusammenhang darauf aufmerksam, dass sich somit nicht nur, wie in *De l'Amour* angedeutet, in Italien, sondern „auch in der französischen Provinz die Gefühle ganz unmittelbar ohne Prägung durch gesellschaftliche und literarische Vorbilder entwickeln können."²⁶³ Was Mme de Rênal also in den Augen Stendhals zu etwas Besonderem macht und sie von der Gesellschaft abhebt, ist ihre Natürlichkeit und Spontaneität, durch welche ihr die Fähigkeit gegeben wird, eine leidenschaftliche Liebe zum Helden des Werkes zu erfahren.

Allerdings ist auch ihr Handeln teilweise nicht ganz frei vom *amour-propre*, denn in der Briefepisode des 20. und 21. Kapitels des ersten Buches, in welcher sie aufgrund eines anonymen Briefes, den ihr Gatte angeblich bekommen hat, einer Trennung zwischen ihr und Julien entgegenwirken will, spielt sie ein intrigantes Spiel mit ihrem Ehemann, um dessen Vertrauen zurückzugelangen. Dennoch handelt Mme de Rênal nur im Interesse ihres größten Glücks, und wie wir wissen: „L'amour véritable, […] ne pense à rien qu'à soi-même." (AM 259) Auch der Erzähler bemerkt in diesem Zusammenhang: „Une ou deux fois, durant cette grande scène, madame de Rênal fut sur le point d'éprouver quelque sympathie pour le malheur fort réel de cet homme qui, pendant douze ans avait

---

²⁶⁰ *Projet d'un article non publié sur le Rouge et le Noir*, 742.
²⁶¹ *Projet d'un article non publié sur le Rouge et le Noir*, 741.
²⁶² Widersprüchlich erscheint in diesem Zusammenhang jedoch die Passage: „Le teint de ce petit paysan était si blanc, ses yeux si doux, que l'esprit un peu romanesque de madame de Rênal eut d'abord l'idée que ce pouvait être une jeune fille déguisée" (RN 74). Denn woher sollte ihr „esprit un peu romanesque" kommen, wenn nicht von der Romanlektüre.
²⁶³ Matzat (1990), 149.

été son ami. Mais les vraies passions sont égoïstes." (RN 204)[264] Somit kann hinsichtlich Mme de Rênals festgehalten werden, dass sie Mut und Tatkraft beweist, um ihr Glück zu machen, wodurch sie zu einer der Stendhalschen *femmes supérieurs* wird. Außerdem wird ihre Vorrangstellung dadurch hervorgehoben, dass sie in allen für Julien wichtigen Momenten auftritt:

> Sie prägt den Beginn des Romans mit ihrer Beziehung zu Julien, wodurch Stendhal von Anfang an eine Verbindung zwischen Außenseitern beziehungsweise Ausnahmemenschen schafft. Wenn Mme de Rênal anschließend über weite Strecken des Werks keine aktive Rolle spielt, so wird ihr Einfluss umso offensichtlicher, als sie durch den intriganten Brief den entscheidenden Wendepunkt der Handlung auslöst. [...] Sogar der letzte Satz des Romans gilt Madame de Rênal – selbst im Tod ist sie mit Julien verbunden, denn sie überlebt ihren Geliebten nur wenige Tage.[265]

Im Gegensatz zu der von Mme de Rênal verkörperten Art der Liebe lebt jener von Mathilde de La Mole repräsentierte *amour de vanité* vollkommen von dem Bedürfnis nach Anerkennung in der Gesellschaft sowie von romantischen Vorstellungen, welche die Heldin aus ihrer Lektüre zieht:

> Elle repassa dans sa tête toutes les descriptions de passion qu'elle avait lues dans *Manon Lescaut*, la *Nouvelle Héloise*, les *Lettres d'une Religieuse portugaise*, etc., etc. Il était question, bien entendu, que de la grande passion ; l'amour léger était indigne d'une fille de son âge et de sa naissance. Elle ne donnait le nom d'amour qu'à ce sentiment héroïque que l'on rencontrait en France du temps de Henri III et de Bassompierre (RN 422).

Erstens heißt dies, dass Mathilde in ihrer Liebesentstehung stetig darauf angewiesen ist, von dem Anderen in ihrer Eigenliebe bestärkt zu werden, das heißt dessen Anerkennung zu erlangen. Aber da Stendhal „a osé peindre le caractère de la femme de Paris qui n'aime son amant qu'autant *qu'elle se croit tous les matins sur le point de le perdre*" (Hervorhebung durch Stendhal)[266], weist Mathilde nach Erreichen dieser Bestätigung ihren Liebhaber immer wieder ab, um ihre Überlegenheit zurückzugewinnen und hofft auf eine nochmalige Annäherung des Liebenden. Auf diese Weise wird bei der Protagonistin ein erneutes Annerkennungsbedürfnis hervorgerufen, sodass die *cristallisation* von neuem in Gang gesetzt werden kann. In einem solchen „Konkurrenzkampf der Bewusstseine"[267] der Liebenden erweist sich Juliens Charakter für eine Beziehung mit Mathilde geradezu prädestiniert, da er durch sein niedriges Selbstbewusstsein bezüglich

---

[264] Außerdem heißt es im *Projet d'un article non publié sur le Rouge et le Noir* : „La passion donne de l'esprit à Mme de Rênal, cette femme si simple trouve le moyen de neutraliser l'effet produit par la lettre anonyme", 737.
[265] Lemke (1991), 193.
[266] *Projet d'un article non publié sur le Rouge et le Noir*, 730.
[267] Matzat (1990), 155. Auch ein Satz aus dem *Projet d'un article non publié sur le Rouge et le Noir* unterstreicht, dass es sich zwischen Mathilde und Julien um eine Verstandesliebe handelt: „Cet article est déjà si long que nous nous disposons de suivre les divers incidents des amours de Julien et Mlle de La Mole. Le lecteur qui connaît le grand monde se le figurera facilement, c'est l'amour de tête", 741.

seiner Herkunft diesem Hin und Her der Anziehung und Abstoßung schnell verfällt. Auch wenn in diesem Verhältnis die Eitelkeit der Figuren prägend ist, so geraten beide mit ihren Gefühlen des Öfteren in die Nähe des *amour-passion*, woraus sich ergibt, dass der *amour-propre* in Verbindung mit einer eingebildeten Passion für die *cristallisation* durchaus auch positiv zu bewerten sein kann.

Zweitens muss man festhalten, dass die Heldin, wie aus der oben zitierten Passage hervorgeht, genau wie Julien, anachronistische Züge aufweist, denn auch sie projiziert ihre heroischen Vorbilder in das 19. Jahrhundert, in welchem sie lebt. So heißt es an einer Stelle des Romans:

> Eh bien ! ces récits me font plaisir. Être dans une véritable bataille, une bataille de Napoléon, où l'on tuait dix mille soldats, cela prouve du courage. S'exposer au danger élève l'âme et la sauve de l'ennui où mes pauvres admirateurs semblent plongés (RN 421).

Und an anderer Stelle: „Les guerres de la Ligue sont les temps héroïque de la France, lui disait-elle un jour, avec des yeux étincelants de génie et d'enthousiasme. […] Convenez qu'il y avait moins d'égoïsme et de petitesse. J'aime ce siècle." (RN 415) Mathilde geht sogar soweit, sich selbst und Julien mit ihrem Vorfahr Boniface de La Mole und dessen Geliebter Marguerite de Valois in Verbindung zu bringen, mit denen sie einen regelrechten Kult treibt:

> Entre Julien et moi il n'y a point de signature de contrat, point de notaire pour la cérémonie bourgeoise ; tout est héroïque, tout sera fils du hasard. À la noblesse près qui lui manque, c'est l'amour de Marguerite de Valois pour le jeune La Mole, l'homme le plus distingué de son temps (RN 424).

Mit ihrem heroischen Leben konfrontiert und provoziert Mathilde also die Adelsgesellschaft, welcher sie selbst anhängt, sodass Stendhal mit ihr als „Anklagefigur" wiederum seine Kritik am Unzeitgemäßen des Adels in der Zeit der Restauration laut werden lässt. Außerdem scheint sie mit Julien in dieser Hinsicht den perfekten Partner gefunden zu haben, wenngleich ihre Liebesbeziehung nicht durch die große, wahre Liebe charakterisiert ist. Christine Klein und Paul Lidsky betonen:

> En fait, son caractère rapelle en bien des points celui de Julien. Comme lui, elle rêve de courage, de gloire militaire : […]. Comme lui, elle admire par-dessus tout l'énergie individuelle. […], elle transporte dans le domaine de l'amour ses rêves d'action « audacieux et superbes ». […] C'est parce que Julien lui est socialement très inférieur qu'elle le choisit. Son origine, son éducation lui confèrent une sorte d'exotisme et surtout mettent d'emblée leurs relations hors du commun. […] Bref, Mathilde […], s'est donné un amour qui la singularise et qui, s'il y a une révolution, lui assurera un grand rôle.[268]

---

[268] Klein/Lidsky (1971), 43ff.

In diesem Zusammenhang ist auch der Schluss des Romans zu sehen, denn Mathildes Taten sind niemals nur in ihrer großen Liebe zum Helden des Romans zu begründen, sondern es sind immer auch in ihren Augen „heldenhafte Taten", in welche die Vorstellung eines „Publikums" mit einfließt:

> Julien se trouvait peu digne de tant de dévouement, à vrai dire il était fatigué d'heroïsme. C'eût été à une tendresse simple, naïve et presque timide, qu'il se fût trouvé sensible, tandis qu'au contraire, il fallait toujours l'idée d'un public et *des autres* à l'âme hautaine de Mathilde (Hervorhebung durch Stendhal). Au milieu de toutes ses angoisses, de toutes ses craintes pour la vie de cet amant, auquel elle ne voulait pas survivre, Julien sentait qu'elle avait un besoin secret d'étonner le public par l'excès de son amour et la sublimité des ses entreprises (RN 615).[269]

Lässt sich also abschließend festhalten, dass Mme de Rênal hinsichtlich der von ihr repräsentierten Erscheinungsform der Liebe zweifellos als die von Stendhal Priviligierte erscheint, dass aber Mathilde dieses Vorrecht durchaus in der Funktion der „Anklagefigur" genießt. Schulz-Buschhaus unterstreicht dies mit der Häufigkeit der Introspektivanalyse, mit Hilfe dessen dem Leser Mathildes inneres, oppositionelles Bewusstsein in gleichem Maße näher gebracht wird wie jenes des Helden. Auf diese Weise wird dem Leser die französische Gesellschaft aus zwei Blickwinkeln geschildert, welche sich durch Geschlecht, Herkunft und Status unterscheiden, aber dennoch beide im Widerspruch zur Gesellschaft stehen.[270]

3.2.3 Die *cristallisation* der Paare

Um die Entwicklung der Liebesgeburt des Helden und der beiden Frauenfiguren bestmöglichst nachvollziehen zu können, sollen im Folgenden die Kristallisations-prozesse der Paare entsprechend dem Handlungsverlauf aufgezeigt werden. Daher wird zunächst die Begegnung Juliens und Mme de Rênals beschrieben werden, welchem dann die *cristallisation* Juliens und Mathilde de La Moles folgen wird, um abschließend nochmals die Endphase der Liebesentstehung des ersten Paares aufzunehmen. Da diese nämlich am Ende erneut aufeinandertreffen und sich beide im Verlauf der Handlung bekanntlich wandeln, kann ihre *cristallisation* erst am Schluss des Romans ihren Abschluss finden.

Als Mme de Rênal und Julien sich das erste Mal sehen, sind beide von der Schönheit des Anderen ergriffen, welches sich in einer gegenseitigen *admiration* äußert: „Bientôt,

---

[269] Vgl. auch RN: „S'il meurt, je meurs après lui, se disait-elle avec toute la bonne foi possible. Que diraient les salons de Paris en voyant une fille de mon rang adorer à ce point un amant destiné à la mort ? Pour trouver de tels sentiments, il faut remonter au temps des héros ; c'étaient des amours de ce genre qui faisaient palpiter les cœurs du siècle de Charles IX et de Henri III" (616).
[270] Schulz-Buschhaus (1982), 14.

étonné de sa beauté, il oublia tout, même ce qu'il venait faire. [...] Madame de Rênal de son côté était complètement trompée par la beauté du teint, les grands yeux noirs de Julien et ses jolis cheveux." (RN 76ff) Julien fühlt sich außerdem geschmeichelt, weil Mme de Rênal ihn mit „Monsieur" (RN 75) anspricht, und diese wiederum ist bei Juliens Anblick umso überraschter, weil sie mit einem „être grossier et mal peigné" (RN 73)gerechnet hat.[271] Die Bewunderung ist auf Seiten Mme de Rênals von so großer Intensität, dass sie sofort die nächsten drei Phasen der Liebesentstehung durchläuft und ihre erste *cristallisation* einsetzt. Auch Julien scheint die Phase der *cristallisation* angesichts „une si belle femme" zu erreichen. Dennoch geschieht diese Entwicklung bei beiden unbewußt, das heißt sie ahnen noch nichts von ihrer aufkommenden Liebe für den Anderen und werden daher sehr schnell wieder aus ihren Träumereien gerissen. Julien durch sein Unterlegenheitsgefühl und Mme de Rênal wegen des aufdringlichen Handkusses des Helden. Man kann daher festhalten: „On voit que les réactions des deux protagonistes sont analogues. La présence de l'être aimé les rend d'abord spontanés ; leur admiration est totale. Ensuite la raison intervient."[272]

Julien wird fortan von seiner „noble ambition [...] dont le devoir est de toujours se surpasser" angetrieben, welche seine Liebe zu Mme de Rênal überdeckt.[273] Dadurch, dass er sich des Öfteren von der Heldin in seiner Ehre verletzt und verachtet fühlt, wird sein Ehrgeiz angestachelt, sodass er die ihm entgegengebrachten, liebevollen Gesten nicht genießen kann und sich immer weiter von ihr entfernt. Mme de Rênal hingegen schmückt Julien mit Vorzügen, entfernt sich immer mehr von ihrem Ehemann und übt sich in der Verstellung. Zum ersten Mal bemerkt sie, dass es auch andere Männercharaktere gibt, als jenen ihres Gatten, während sie zuvor immer geglaubt hatte, alle seien gleich. Die Verachtung für diese „grobschlächtigen" (RN 87) Männer hatte sie sich nie eingestehen wollen - nach und nach wird diese nun in ihr wach.

---

[271] Das erste Aufeinandertreffen dieser beiden Figuren steht im Zeichen des *coup de foudre*, welchem Stendhal in AM ein ganzes Kapitel gewidmet hat. Es heißt dort: „L'âme, à son insu, ennuyée de vivre sans aimer, [...], s'est fait, sans s'en apercevoir, un modèle idéal. Elle rencontre un jour un être qui ressemble à ce modèle, la cristallisation reconnaît son objet au trouble qu'il inspire [...]" (77).
[272] Gerlach-Nielsen (1965), 50. Bei Julien wird dies deutlich, als er Mme de Rênal unbedingt die Hand küssen will: „Il eut sur le champ l'idée hardie de lui baiser la main. [...] Il se dit : Il y aurait de la lâcheté à moi de ne pas exécuter une action qui peut m'être utile, et diminuer le mépris que cette belle dame a probablement pour un pauvre ouvrier à peine arraché à la scie" (RN 78). Bei Mme de Rênal hingegen führt diese Tat Juliens zur Bewußtwerdung der Situation: „Et en disant ces mots, ol osa prendre la main de madame de Rênal, et la porter à ses levres. Elle fut étonnée de ce geste et par réflexion choquée. [...], il lui sembla qu'elle n'avait pas été assez rapidement indignée" (RN 79).
[273] Gerlach-Nielsen (1965), 52. Vgl. hierzu RN: „L'amour pour madame de Rênal devint de plus en plus impossible dans le cœur orgueilleux de Julien" (90).

Dass Mme de Rênal ihre Leidenschaft für Julien erst erkennt, als sie eine Liebe zwischen ihm und der Kammerzofe Élisa vermutet, unterstreicht ihr Ausruf: „Aurais-je de l'amour pour Julien ?" (RN 100) Durch ihre Eifersucht durchlebt sie eine Art „folie" (RN 99), die so weit geht, dass Julien und Élisa sogar zum Inhalt ihrer *cristallisation* werden.[274] Bleibt also bis hierhin festzuhalten, dass Mme de Rênal sich in der fünften Phase ihrer Liebesentstehung befindet und ihrem Gefühlschaos machtlos gegenübersteht. Letzterer hingegen wird ganz und gar von seinem Pflichtgedanken beherrscht, sodass jenes Gefühl, welches anfangs Zuneigung zu sein schien, nur noch in Form von Machtwillen in ihm lebt:

> […] mais enfin cette main lui resta. Son âme fut inondée de bonheur, non qu'il aimât madame de Rênal, mais un affreux supplice venait de cesser. […] Madame de Rênal, transportée du bonheur d'aimer, était tellement ignorante, qu'elle ne se faisait presque aucun reproche. Le bonheur lui ôtait le sommeil (RN 107ff).

Wenn Mme de Rênal wenig später erneut Eifersuchtsqualen durchlebt, weil Julien sie bittet, ein Porträt aus seinem Zimmer zu holen, auf welchem sie das Abbild seiner Geliebten vermutet (RN 113ff), entspricht dies voll und ganz der sechsten Liebesphase in *De l'Amour*. Denn wo die Protagonistin auf Sicherheiten des Geliebten hofft, diese aber von Julien nicht bekommt, bezweifelt sie aufgrund des Verdachts einer Rivalin dessen Liebe zu ihr. Bezüglich der weiblichen Eifersucht heißt es im Traktat: „Chez les femmes la jalousie doit donc être un mal encore plus abominable, s'il se peut, que chez les hommes. C'est tout ce que le cœur humain peut supporter de rage impuissante et de mépris de soi-même, sans se briser." (AM 130)

Der Held hingegen scheint durch seine immer gewagteren Pflichten, welche er sich auferlegt, der Liebe so fern zu sein wie selten zuvor, nur noch seiner „Don-Juan-Strategie" folgend: „Julien, s'obstinant à jouer le rôle d'un Don Juan, lui qui de la vie n'avait eu de maîtresse, il fut sot à mourir toute la journée." (RN 143) Zwar gelingen ihm seine „Eroberungen" Mme de Rênals, aber dennoch fragt er sich: „Mon Dieu ! être heureux, être aimé, n'est-ce que ça ?" (RN 148) Dass er sich diese Frage allerdings kurze Zeit später nicht mehr stellen würde, ist in folgender Tatsache zu begründen: „En peu de jours, Julien, rendu à toute l'ardeur de son âge, fut éperdument amoureux. Il faut convenir, se disait-il, qu'elle a une bonté d'âme angélique, et l'on n'est pas plus jolie. Il avait perdu presque tout à fait l'idée du rôle à jouer." (RN 151) Wenn der Held seiner

---

[274] Gerlach-Nielsen (1965), 52ff. Vgl. RN: „Elle ne vivait que lorsqu'elle avait sous les yeux sa femme de chambre ou Julien. Elle ne pouvait penser qu'à eux et au bonheur qu'ils trouveraient dans leur ménage. La pauvreté de cette petite maison, où l'on devrait vivre avec cinquante louis de rentes, se peignait à elle sous des couleurs ravissantes. Julien pourrait très bien se faire avocat à Bray, la sous-préfecture à deux lieues de Verrières ; dans ce cas elle le verrait quelquefois" (99).

Geliebten dann sogar all seine Ängste gesteht (RN 151), erinnert dies an die Geständnisse Octaves im Erstlingswerk. Dass es in letzterem Fall nicht zum entscheidenden *aveu* der Impotenz kommt, findet im Falle Juliens darin seine Entsprechung, dass es auch diesem nicht gelingt, Mme de Rênal zu gestehen, wie bestimmend der Ehrgeiz in seinem bisherigen Leben war (RN 154). Bei beiden Helden ist es die verletzte Eigenliebe, welche sie zum Schweigen verdammt. Wo Octave glaubt, Armance spiele ihm ihre Liebe nur vor, ist auch Julien durch ein „air froid" Mme de Rênals gekränkt, denn er sieht es darin begründet, dass „elle a été élevée dans le camp ennemi." (RN 155) Das heißt also, der Held wird immer dann für die wahre Liebe empfänglich, wenn er kurzzeitig vergisst, seine Rolle zu spielen.

Wird Julien immer wieder von Komplexen bezüglich seiner Herkunft heimgesucht, weswegen er sich von Mme de Rênal entfernt, so nährt dies die *cristallisation* auf Seiten der Heldin umso mehr. Sie schwankt nämlich nicht nur zwischen dem Zweifel und der Furcht hin und her, sondern wie Gerlach-Nielsen betont: „Stendhal, pour caractériser la passion de Mme de Rênal, reprend les termes mêmes du traité."[275] Es heißt im Roman: „Elle l'aimait mille fois plus que la vie." (RN 155) Im Traktat lautet die Entsprechung: „Une femme appartient de droit à l'homme qui l'aime et qu'elle aime *plus que la vie*" (Hervorhebung durch Stendhal) (AM 275). Außerdem findet sich folgende Aussage in *De l'Amour*, welche den Ehebruch der Protagonistin entschärft: „La fidélité des femmes dans le mariage lorsqu'il n'y a pas d'amour, est probablement une chose contre nature." (AM 223) Man kann sogar so weit gehen zu behaupten, Mme de Rênal übertreffe das „idéal féminin" des Traktates und sie daher als „compagne spirituelle de l'homme qu'elle aime" hinstellen.[276] Dies zeigt sich einerseits in der Ausschließlichkeit ihrer Liebe: „Mais au fond, je ne me repens point. Je comettrais de nouveau ma faute si elle était à commettre." (RN 182) und andererseits, indem sie Julien als „Lehrerin" dient und einen wichtigen Grundstein seiner Entwicklung in Verrières mit legt.[277]

Mit Juliens Aufbruch aus Verrières ist dieser in Gedanken schon wieder dem „bonheur de voir une capitale, une grande ville de guerre comme Besançon" (RN 237) verfallen, während Mme de Rênal leidet. Ersterer wird also durch seine Karrieregedanken daran gehindert, sowohl seine eigenen Gefühle als auch jene Mme de Rênals richtig zu deuten und bewertet daher jegliche Empfindungen nur ausgehend von seinem *amour-propre*.

---

[275] Gerlach-Nielsen (1965), 56ff.
[276] Gerlach-Nielsen (1965), 58.
[277] Vgl. RN: „Cette éducation de l'amour, donnée par une femme extrêmement ignorante, fut un bonheur. Julien arriva directement à voir la société telle qu'elle est aujourdhui" (156).

Letztere hingegen hat der *amour-passion* zur Erkenntnis gebracht: „Mais ce n'était plus cette femme simple et timide de l'année précédente, sa fatale passion, ses remords l'avaient éclairée." (RN 233) Die Protagonistin hat die *seconde cristallisation* erreicht und lebt fortan für ihren *amour passion*. Dies wird sich am Schluss zeigen, wenn sie Julien ihre Gefühle gesteht:

> Dès que je te vois, tous les devoirs disparaissent, je ne suis plus qu'amour pour toi, ou plutôt, le mot amour est trop faible. Je sens pour toi ce que je devrais sentir uniquement pour Dieu : un mélange de respect, d'amour, d'obéissance… (RN 640).

Die zweite Frauengestalt tritt, wie wir wissen, in Paris auf und verspürt im Gegensatz zu Mme de Rênal auf Grund ihrer Romanlektüre das Bedürfnis, einen *amour passion* erfahren zu müssen. Somit wird sie jener in *De l'Amour* gemachten Aussage gerecht: „Depuis le premier roman qu'une femme a ouvert, en cachette à quinze ans, elle attend en secret le venue de l'amour-passion. Elle voit dans une grande passion la preuve de son mérite. Cette attente redouble vers vingt ans." (AM 292) Als Julien und Mathilde im Hause ihres Vaters die ersten Blicke austauschen, findet der Held anfangs an der Mlle de Marquise keinen Gefallen (RN 342). Damit nicht genug bringt Julien ihr zudem „une froideur parfaite" (RN 386) entgegen, sodass bei Mathilde das Interesse am jungen Sekretär ihres Vaters geweckt wird: „Mais ce Sorel est singulier, se dit-elle, et son œil quittait l'air morne pour l'air fâché. Je l'ai averti que j'avais à lui parler, et il ne daigne pas reparaître !" (RN 398) Zunächst bewundert die Protagonistin die Schönheit Juliens, durch welche er sich von den anderen Herren des Salons entschieden abhebt:

> Lui, qui est réellement si beau, se dit enfin Mathilde, sortant de sa rêverie, faire un tel éloge de la laideur ! jamais de retour sur lui-même ! Il n'est pas comme Caylus ou Croisenois. Ce Sorel a quelque chose de l'air qui prend mon père quand il fait si bien Napoléon au bal (RN 400).

In der Folge geht ihre *admiration* gleich über zur vierten Phase der Liebesgeburt, nämlich „L'amour est né": „J'ai le bonheur d'aimer, se dit-elle un jour, avec un transport de joie incroyable. J'aime, j'aime, c'est clair !" (RN 422). Auch wenn es sich nur um eine von Mathilde eingebildete Liebe handelt, so hat diese ihren Ursprung ganz klar in dem von Julien vorgetäuschten Desinteresse gegenüber der Protagonistin:

> Ses yeux exprimaient le feu de la conscience et le mépris des vains jugements des hommes ; ils rencontrèrent ceux de mademoiselle de La Mole tout près de lui, et ce mépris, loin de se changer en air gracieux et civil, sembla redoubler. Elle en fut profondément choquée, mais il ne fut plus en son pouvoir d'oublier Julien (RN 404).

Zwischenzeitlich fühlt auch Julien sich durch Mathildes Schönheit angezogen, und genau wie Julien in den Augen Mathildes eine Ausnahme bildet, so sieht auch der Held in Mathilde ein außergewöhnliches Wesen:

> Accoutumé au naturel parfait qui brillait dans toute la conduite de madame de Rênal, Julien ne voyait qu'affectation dans toutes les femmes de Paris ; et, pour peu qu'il fût disposé à la tristesse, ne trouvait rien à leur dire. Mademoiselle de La Mole fit exception (RN 413).

Aus der gegenseitigen Bewunderung scheint zwischen beiden in der Folge eine „singulière amitié" zu entstehen, in welcher sich vor allem Julien in seiner Eigenliebe geschmeichelt fühlt (RN 414). Er vergisst sogar seine Rolle des „plébéien révolté" (RN 414), aber trotz seiner *espérance* kommen bei Julien schnell wieder Zweifel auf, wodurch er sich seinen *devoir* auferlegt, Mathilde zu verführen:

> Mais non, ou je suis fou, ou elle me fait la cour ; plus je me montre froid et respectueux avec elle, plus elle me recherche. Ceci pourrait être un parti-pris, une affectation ; mais je vois ses yeux s'animer, quand je parais à l'improviste. […] ! j'ai l'apparence pour moi, jouissons des apparences. Mon Dieu, qu'elle est belle ! […]. Dans les jours de méfiance : Cette jeune fille se moque de moi, pensait Julien. […]. Eh bien, elle est jolie ! continuait Julien avec des regards de tigre. Je l'aurai, je m'en irai ensuite, et malheur à qui me troublera dans ma fuite ! (RN 417ff).

Aber auch Mathilde treibt bekanntlich ein bewußtes Spiel mit Julien:

> Continuera-t-il à me mériter ? À la première faiblesse que je vois en lui, je l'abandonne. Une fille de ma naissance, et avec le caractère chevaleresque que l'on veut bien m'accorder […] ne doit pas se conduire comme une sotte (RN 423).

Trotzdem verspürt Mathilde von dem Tage an, als sie „beschlossen" hat, Julien zu lieben, keine Langeweile mehr (RN 429) und handelt sogar entgegen ihrer heroischen Vorstellungen. Als sie erfährt, dass Julien auf eine längere Reise geht, ergreift sie nämlich selbst die Initiative und schreibt dem Helden *„la première"* (Hervorhebung durch Stendhal) einen Liebesbrief (RN 436). Gerlach-Nielsen bemerkt in diesem Zusammenhang: „Mathilde ne connaît ni la timidité, ni la pudeur féminine qui constituaient, pour le traité, les preuves d'amour."[278] Hier wird der *amour de tête* der Protagonistin betont, welcher mechanisch und geplant ist und auf keinste Weise die überraschenden Züge des *amour-passion* trägt.

Bezüglich Juliens Liebe heißt es im Roman: „Cet amour n'était fondé que sur la rare beauté de Mathilde, ou plutôt sur ses façons de reine et sa toilette admirable. En cela Julien était encore un parvenu." (RN 432) Dass der Held, welcher sich selbst als „pauvre paysan" bezeichnet, beim Erhalten des Briefes dieser „grande dame" sehr stolz ist, und dieser ihm „une jouissance de vanité si vive" bereitet (RN 437ff), zeigt, dass seine Gefühle nichts mit wahrer Liebe zu Mathilde, sondern lediglich zu sich selbst zu tun haben. Galle spricht in diesem Zusammenhang von „einer Trophäe der Selbstbestäti-

---

[278] Gerlach-Nielsen (1965), 60.

gung"[279]. Der „Besitz" Mathildes würde vor allem seiner Eigenliebe schmeicheln, da ihn dies auf die gleiche Stufe wie Mlle de La Moles adlige Verehrer stellen würde. Auch, dass er hinter der Liebeserklärung gleich eine Intrige vermutet und alle möglichen „Vorsichtsmaßnahmen" trifft, erstaunt uns angesichts seines ambitiösen Charakters nicht. Allerdings gerät er sehr schnell wieder in die unterlegene Position, als er nämlich Mathildes Bitte folgend am selben Abend durch das Fenster in ihr Zimmer einsteigt. Obwohl er in diesem Moment keinerlei Liebe spürt, sondern eher vom Ehrgeiz erfüllt ist[280], so bildet er sich jedoch in der nächsten Nacht ein, er sei verliebt: „Dès la seconde nuit qui suivit la déclaration de brouille éternelle, Julien faillit devenir fou en étant obligé de s'avouer qu'il avait de l'amour pour mademoiselle de La Mole." (RN 466) Natürlich resultiert diese aufkeimende Liebe Juliens aus der vorherigen Abweisung Mathildes und ist somit eine logische Folge in diesem „duel" (RN 452) der Gefühle. In Mlle de La Mole dominiert nämlich seit der besagten Nacht der Zweifel, womit sie die sechste Phase der Liebesentstehung erreicht hat. Nachdem die Begegnung mit dem Protagonisten nicht ihren romantischen Phantasien gerecht werden konnte - da die Leidenschaften eher ein wenig gewollt waren und „l'amour passionné était bien plus un modèle qu'on imitait qu'une réalité" (RN 461) - fragt sie sich: „Me serais-je trompée, n'aurais-je pas d'amour pour lui ? se dit-elle." (RN 463)

Mit Hilfe Prinz Korasoffs entwirft Julien im weiteren Verlauf der Handlung Pläne, um Mme de La Mole zurück zu gewinnen: Sein Ziel besteht fortan darin, sie eifersüchtig zu machen.[281] Dazu nimmt der Held alle Züge eines Dandys an, dessen Liebesstrategie auf der Maxime beruht: „Soyez le contraire de ce à quoi l'on s'attend." (RN 532) Neben dieser Pflicht der Verstellung gehört es zu Juliens „Aufgaben", einer anderen Dame als seiner Angebeteten, nämlich Mme de Fervaques, täglich den Hof zu machen sowie sich der Verschwiegenheit zu unterlegen: „Peu parler, peu agir." (RN 553) Kurze Zeit später bewirkt der Protagonist mit seiner Verführungstaktik eine erneute *cristallisation* Mathildes, sodass diese ihm „des garanties" (RN 559) versichert. Da aber Julien zuvor unter großen Qualen erfahren musste, dass Mathilde „avait infiniment d'esprit, et cet esprit triomphait dans l'art de torturer les amours-propres et de leur infliger des blessures cruelles" (RN 491), und da er zudem seinen Plänen folgen will, lehnt er diese Si-

---

[279] Galle (1986), 197. Vgl. weitere Ausführungen zum Geständnis zwischen Julien und Mathilde: Galle (1986), 195ff.
[280] Vgl. RN: „Il n'y avait rien de tendre dans ses sentiments de ce premier moment. C'était le plus vif bonheur d'ambition, et Julien était surtout ambitieux" (460).
[281] Vgl. hierzu AM: „Quel que soit l'amour sentie par l'un des deux amants, dès qu'il est jaloux, il exige que l'autre remplisse les conditions de l'amour-passion ; la vanité simule en lui tous les besoins d'un cœur tendre", 128.

cherheiten ab. Somit lässt er Mathilde trotz der großen Leidenschaft, welche er für sie verspürt, nochmals mit ihren Zweifeln zurück und wird zum Ausnahmemenschen: „C'est selon moi, l'un des plus beaux traits de son caractère ; un être capable d'un tel effort sur lui-même peut aller loin." (RN 559)

Einschnitte in dieser Anziehung und dem gegenseitigen Abstoßen der Protagonisten bilden die Schwangerschaft Mathildes, die Bekanntgabe ihrer Beziehung zu Julien an ihren Vater sowie Juliens Aufstieg zum Leutnant Sorel de la Vernaye. Denn von diesem Tag an empfindet „cette âme sèche [...] de la passion tout ce qui en est possible dans un être élevé au milieu de cet excés de civilisation que Paris admire." (RN 585) Auf Seiten Juliens folgt der Prozess der Selbsterkenntnis, nachdem er sich nach dem Brief Mme de Rênals und dem daraus resultierenden Schuss im Gefängnis wiederfindet. Und hier beginnt nun der letzte Abschnitt der *cristallisation* zwischen dem Helden und Mme de Rênal, welche sich bekanntlich während Juliens Haft wiedertreffen.

Juliens Antwort auf den besagten Brief, welcher auf Seiten Mme de Rênals durchaus als Versuch angesehen werden kann, Juliens Liebe zurückzugewinnen, ist, wie wir wissen, sein Schuss. Auch dieser kann als ein „acte d'amour"[282] hingestellt werden, denn im weiteren Verlauf wird dem Helden bekanntlich sein falscher Ehrgeiz und seine wahre Liebe zu Mme de Rênal bewusst. Gleichermaßen wie Juliens Liebe zu Mme de Rênal aufflammt, erlischt jene zu Mathilde, welche sich sogar angesichts des Todes ihres Geliebten noch in der Rolle der „*madame veuve Sorel*" gefällt (Hervorhebung durch Stendhal) (RN 574). Sie ist somit repräsentativ für jenes Pariser Mädchen, welches darauf aus ist, „se donner le plaisir de croire avoir une grande passion."[283]

Lässt sich also abschließend festhalten, dass Julien im Gefängnis einen Zustand „pleine d'incurie et de rêveries tendres" (RN 619) erfährt und seiner Geliebten seine Erkenntnis mitteilt: „Sache que je t'ai toujours aimée, que je n'ai aimé que toi." (RN 639) Da Mme de Rênal den Zustand, in welchem „Julien n'avait pas de petit d'amour-propre à son égard" und „il lui raconta toutes ses faiblesses", mit ihm teilt[284], findet dies in folgender Aussage in *De l'Amour* seine Entsprechung: „Le naturel parfait et l'intimité ne peuvent avoir lieu que dans l'amour-passion, car dans tous les autres l'on sent la possibilité d'un rival favorisé." (AM 297) Allen anderen Stendhalschen Liebespaaren gleich durchleben die beiden Protagonisten eine kurze Phase des *bonheur*, wie auch Julien kurz vor seiner

---

[282] Gerlach-Nielsen (1965), 68.
[283] *Projet d'un article non publié sur le Rouge et le Noir*, 741.
[284] Vgl. RN: „Pour Julien, [...] il vivait d'amour et sans presque songer à l'avenir. Par un étrange effet de cette passion, quand elle est extrême et sans feinte aucune, madame de Rênal partageait presque son insouciance et sa douce gaîté" (656).

Enthauptung bemerkt: „Non, je serais mort sans connaître le bonheur, si vous n'étiez pas venue me voir dans cette prison." (RN 656) Somit führt der Weg der Selbstverwirklichung des Helden über die Beendigung des Konfliktes von Herz und Verstand, das heißt von *amour-passion* und *amour-propre*, zur Aufgabe Mathildes und zur Rückkehr zu Mme de Rênal.[285] Dennoch ist der Schluss keineswegs als ein Neuanfang der Liebenden zu sehen, welcher alles vorher Geschehene vergessen macht. Vielmehr dient er als Anklage gegen die restaurative Gesellschaft. Julien formuliert dies wie folgt: „L'influence de mes contemporains l'emporte, dit-il tout haut et avec un rire amer. Parlant seul avec moi-même, à deux pas de la mort, je suis encore hypocrite... Ô dix-neuviéme siècle !" (RN 652)

3.3 *Lucien Leuwen*
3.3.1 Lucien – Selbstentfremdung im Zeitalter der Bürgermonarchie
Der dritte hier zu behandelnde Roman Stendhals *Lucien Leuwen* gilt gemeinhin als Romanfragment. Dies rührt einerseits daher, dass das Werk mit dem Abschluss von Luciens Entwicklung abrupt endet und ist andererseits in der übereinstimmenden Meinung begründet, dass der Roman noch einiger stilistischer Feinheiten bedurft hätte. Der Liebesgeschichte der Hauptpersonen tut diese Tatsache allerdings keinen Abbruch, sondern wie Jaton betont:

> Le roman, qui représente pour beaucoup l'échec de la politique et de l'amour, n'illustre que l'échec de la Realité [...] contre l'imaginaire, et l'ouvrage peut être lu comme le roman du triomphe absolu de l'amour.[286]

Überhaupt ist man sich in der Sekundärliteratur weitestgehend einig darüber, dass die Zeitkritik sich in *Lucien Leuwen* prägnanter zeigt als in den beiden hier zuvor untersuchten Romanen. Besonders im zweiten Teil des Buches äußert sie sich in langen satirischen Passagen, wohingegen der erste Teil sich hauptsächlich der Liebe zwischen dem Helden und seiner Geliebten Mme de Chasteller widmet.

Nun zum Helden des Werkes, welcher mit folgenden Worten eingeführt wird:

> On trouvait dans sa société que Lucien avait une tournure élégante, de la simplicité et quelque chose de fort distingué dans les manières ; mais là se bornaient ses louanges : il ne passait point pour homme d'esprit. La passion pour le travail, l'éducation presque militaire et le franc-parler de l'École polytechnique lui avaient valu une absence totale d'affection (LL 31).

---

[285] Köhler (1987), 32.
[286] Anne Marie Jaton: *De l'Amour* et *Lucien Leuwen*: Une poetique de l'obstacle, in: Le plus méconnu des romans de Stendhal « Lucien Leuwen », hrsg. von Ph. Berthier/ A. M. Bijaoui-Baron/ M. Crouzet/ A. M. Jaton/ A. M. Meininger/ M. Reid/ J. Rousset/ K. G. Mac Watters/ Ch. Weiand/ A. Zielonka, Paris 1983, 98.

Lucien fällt also zu allererst durch sein elegantes Auftreten auf, wirkt aber darüber hinaus durch seine Nüchternheit eher mechanisch und langweilig. Demnach wird ihm sogar explizit der Status des „homme d'esprit" abgesprochen, durch welchen die beiden zuvor dargestellten Helden von Anfang an charakterisiert waren. Er erscheint zwar als Anklagefigur und hasst alles Gewöhnliche, welches ihn in der oberflächlichen Salongesellschaft umgibt[287], dennoch entwickelt der Held sich erst mit seiner aufkommenden Leidenschaft zu Mme de Chasteller zum Ausnahmemenschen.

Ferner ist von Bedeutung, dass Lucien auf der einen Seite als Sohn eines Millionärs den gleichen gesellschaftlichen Rang besitzt wie zuvor Octave im Erstlingswerk, und - wie aus der obigen Textstelle hervorgeht - dass er zudem eine ähnliche schulische Bildung wie dieser an der *École polytechnique* genossen hat. Auf der anderen Seite hat er eine „passion pour le travail" und praktiziert wie Julien Sorel eine Art Individualheroismus, sodass er dem Held aus Stendhals Hauptwerk in diesen Hinsichten in nichts nachsteht.

Es heißt beispielsweise von Lucien:

> Lucien se remit à écouter les lanciers, et avec délices ; bientôt son âme fut dans les espaces imaginaires ; il jouissait vivement de sa liberté et de sa générosité, il ne voyait que de grandes choses à faire et beaux périls (LL 46).

Beide Helden schaffen sich also ein imaginäres heroisches Dasein, da die Wirklichkeit ihnen ein abenteuerliches Leben, welches sie aus ihrer Lektüre kennen und in welchem sie ihre Energie ausleben könnten, versagt. Da die Gesellschaft einen solchen Heroismus nicht duldet, müssen beide ihr *naturel* kaschieren, welches Julien durch seine Berechnung und Lucien durch seine liebenswerte Höflichkeit (LL 41) gelingt. Letzterer erinnert dabei an den Helden aus *Armance*, welcher ebenfalls nach außen hin versucht, höflich und angepasst zu wirken, aber anfangs noch nicht sehr überzeugend auftritt. Dies schulden beide der Tatsache, dass in ihrem Inneren keine wahre Leidenschaft vorherrscht, wie beispielsweise bei einem Julien Sorel der leiden-schaftliche Ehrgeiz. Eigentlich stehen Lucien durch seinen sozialen Status alle Türen offen, aber da ihm die rebellische Energie seines Vorgängers fehlt, wird er somit gerade durch sein reiches familiäres Umwelt gehemmt. Dies ändert sich jedoch mit Luciens Stelle als Unterleutnant in Nancy, wo Mme de Chasteller in sein Leben tritt.

---

[287] Besonders deutlich wird die Abneigung Luciens gegenüber der Gesellschaft im Verhältnis zu seinem Vater, welcher die Pariser Bourgeoisie des *juste milieu* verkörpert (Dethloff (1997), 92). Wo für Letzteren im Leben lediglich der Profit zählt, wünscht sich Ersterer des Öfteren eine tiefgründigere und zärtlichere Beziehung zu seinem Vater. Auch die folgende Passage zeigt, dass Lucien die Gesellschaft zutiefst zuwider ist: „Et, d'ailleurs, se disait-il, si les Français ont du plaisir à être menés monarchiquement et tambour battant pourquoi pourquoi les déranger ? La majorité aime apparemment cet ensemble doucereux d'hypocrisie et de mensonge qu'on appelle *gouvernement représentatif*" (Hervorhebung durch Stendhal) (LL 30).

Als er nämlich eines Tages an ihrem Fenster vorbeireitet und nach einem ersten kurzen Blickkontakt von seinem Pferd stürzt, wird seine Eigenliebe angestachelt, seinen guten Ruf wiederherzustellen, und er entwickelt Esprit, um die Dame kennen zu lernen. Dies erinnert an *De l'Amour*: „La vanité plus ou moins flatté, plus ou moins piquée, fait naître des transports." (AM 32)

Folglich spielt also auch in Luciens Entwicklung der Zufall eine große Rolle. Denn dadurch, dass er *zufällig* vor dem Fenster Mme de Chastellers stürzt, und diese auch noch *zufälligerweise* aus dem Fenster schaut, erfährt das Leben des Helden eine entscheidende Wende. Fortan besteht sein Ziel nämlich darin, Mme de Chastellers Aufmerksamkeit zu bekommen, sodass ihm dieses Interesse, welches sich aus einer anfänglich unterhaltsamen Abwechslung in seinem langweiligen Soldatenleben entwickelt, zu Überlegenheit in der Gesellschaft verhilft. Wo er zuvor als jemand gekennzeichnet war, welcher „ne passait point pour homme d'esprit" (LL 31), sagt man ihm jetzt das Gegenteil nach: „En peu de jours, il s'opéra chez Leuwen un changemant complet. Dans le monde, on fut émerveillé de sa gaieté et de son esprit. […] En un mot, il parlait comme un homme d'esprit de province, aussi son succès fut-il immense." (LL 253) Auch in dieser Hinsicht ist der Protagonist dem Helden aus *Armance* sehr ähnlich, denn bei diesem entsteht ebenfalls aus einer zunächst flüchtigen Leidenschaft wahre Liebe, welche dem Helden zu Esprit verhilft.

Dennoch ist die Zeit in Nancy für den Protagonisten nicht immer rosig: Wie die anderen Stendhalschen Helden auch bleibt er stets der Außenseiter und hat mit seiner enorm ausgeprägten Eitelkeit zu kämpfen:

> La vanité, fruit amer de l'éducation de la meilleure compagnie, était son bourreau. Jeune, riche, heureux en apparence, il ne se livrait pas au plaisir avec feu ; on eût dit un jeune protestant. L'abandon était rare chez lui ; il se croyait obligé à beaucoup de prudence. […] Nous avouerons que la vanité de Lucien était agacée ; […]. À chaque instant les camarades de Lucien lui faisaient sentir leur supériorité avec l'aigreur polie de l'amour-propre qui exerce une vengeance (LL 100).

Das heißt, Lucien besitzt eine derart übertriebene Eitelkeit, dass er sich von seinen Mitmenschen ständig in seiner Eigenliebe verletzt fühlt. Da er in der Realität anfänglich nicht auftrumpfen kann, weil „fort jeune, fort neuf et dénué de toute expérience" sowie „à cette époque une âme naïve et s'igorant elle-même" (LL 161) ist, kann er lediglich in seinem heroischen Bewusstsein der Held sein. Wie bei Julien vermischen sich aber auch bei Lucien des Öfteren Realität und Traumwelt in dem Maße, dass daraus eine falsche Selbstwahrnehmung resultiert. Aus der gekränkten Eigenliebe heraus entsteht dann ein übersteigerter Drang, auf keinen Fall die eigene Selbstachtung verlieren zu dürfen. Lucien betont: „Au fond, je me moque de tout, excepté de ma propre estime." (LL 46) Wenngleich sich Lucien in diesem Zusammenhang von seinem Status des reichen Sohnes befreien möchte, und es für Julien um das genaue Gegenteil geht, nämlich einen solchen Status zu erlangen, so ist ihre Absicht dennoch die gleiche: Nicht nur von außen anerkannt zu werden, sondern auch vor sich selbst bestehen zu können. Da Lucien durch seinen gesellschaftlichen Status gebremst wird, und Julien hingegen eher zu passioniert auftritt, spricht Albérès von Luciens „vanité d'un fils de famille" und Juliens „timidité passionnée" und fährt fort zu behaupten:

> Cet aristocrate voulait se faire plébéien, ce plébéien voudra se faire aristocrate ; l'un avait à s'appauvrir de tous ces legs qui abâtardissent le naturel, la renommée et la fortune, une éducation parfaite, l'autre doit tout conquérir.[288]

Da Luciens Eitelkeit anerzogen ist, entspricht sie nicht seinem sensiblen Naturell und führt letztlich dazu, dass er sich immer mehr von sich selbst entfernt. Diese Selbstentfremdung ist auch der Grund dafür, dass ihn immer wieder die Frage nach seinem persönlichen Wert beschäftigt. Er ist es leid, hier Octave ähnlich, von außen wegen seines Vermögens geschätzt zu werden. In diesem Sinne fragt sich Lucien:

> Mais qu'est-ce qu'on estime dans le monde que j'ai entrevu ? L'homme qui a réuni quelques millions ou qui achète un journal et se fait prôner pendant huit ou dix ans de suite. [...]. Sous le rapport de la valeur réelle de l'homme, quelle est ma place ? Suis-je au milieu de la liste, ou tout à fait le dernier ? (LL 98)

Auch in der Liebesauffassung des Helden hat die *vanité* zunächst Einfluss auf sein Denken. Da er es nicht mit sich selbst vereinbaren könnte, seine Selbstachtung von einer Frau abhängig zu machen, ist er der Liebe gegenüber eher feindlich eingestellt:

> Par tous ces raisonnements philosophiques, le mot fatal d'amour fut éloigné, et il ne se fit plus de reproche. Il s'était moqué si souvent du piteux état où il avait vu Edgar, un de ces cousins ! Faire dépendre l'estime qu'on se doit à soi-même de l'opinion d'une femme qui s'estime, elle, parce que son bisaïeul a tué des Albigeois à la suite de François Ier : quelle complication de ridicule ! (LL 194)

Deutlich wird in dieser Passage, dass sich seine Abneigung gegen die affektierten Frauen und die oberflächliche Liebe in den Pariser Salons richtet, so wie Lucien sie aus seiner elterlichen Gesellschaft kennt. Wie später aus seiner anfänglichen Schüchternheit gegenüber Mme de Chasteller (LL 202) hervorgeht, resultiert diese Verachtung ganz klar aus einem Unterlegenheitsgefühl. Octave gleich, ist der Held zutiefst verunsichert, weil er merkt, in welchem Maße seine Beliebtheit von seinem Vermögen abhängt und wie verlogen die ihn umgebende Gesellschaft ist. Wie wir wissen, hat der Liebende laut Stendhal jedoch keine Macht über seine Leidenschaft, und daher ist auch Lucien sehr bald von der wahren Liebe zu Mme de Chasteller ergriffen. Damit einhergehend verliert er immer mehr sein Misstrauen gegenüber dieser Frau, welche ihrerseits auch Schwie-

---

[288] Albérès (1956), 358.

rigkeiten hat, ihre Gefühle offen zu zeigen. Daraus entsteht die typische Stendhalsche Anziehung und Abstoßung zwischen den Liebenden, auf welche allerdings erst im nächsten Kapitel eingegangen werden soll. Hier ist zunächst wichtig, dass Lucien in dieser Liebesbeziehung genau wie seine beiden Vorgänger Octave de Malivert und Julien Sorel von einem Pflichtbewusstsein begleitet wird, welches ihn zwischendurch immer wieder in einen Konflikt mit sich selbst bringt:

> Quelle honte, dit tout á coup le parti contraire à l'amour ; quelle honte pour un homme qui a aimé le devoir et la patrie avec un dévouement qu'il pouvait dire sincère ! Il n'a plus d'yeux que pour le grâces d'une petite légitimiste de province [...] (LL 215).

In diesem Sinne sind alle drei Helden egoistisch, da primär ihre eigene Selbstachtung im Vordergrund steht. Allerdings handelt es sich, wie wir sahen, nicht um vorsätzlich eigensüchtiges Handeln, um anderen Menschen zu schaden, sondern ihr Denken entsteht aus einem Komplex der Unterlegenheit heraus. Bei Lucien wird dieses Denken also einerseits durch sein für seinen Charakter ungünstiges familiäres Umfeld sowie andererseits durch seine starke Sensibilität, wie sie im Text des Öfteren genannt wird, hervorgerufen. Marill-Albérès bemerkt diesbezüglich:

> Ainsi, le héros stendhalien n'avait été calculateur que par impuissance ou parce qu'il était placé dans des conditions défavorables. Sa nature au contraire est d'épanouir sa sensibilité avec quelque audace et quelque goût de risque.[289]

Es lässt sich abschließend festhalten, dass Lucien anfangs in der Beziehung zu Mme de Chasteller oft das Gefühl hat, sich in die Gefahr zu begeben, seine Selbstachtung zu verlieren. Daher weist er zunächst alle Züge eines *amour de vanité* auf, welcher sich allerdings im Laufe der Handlung zu einem *amour-passion* entwickelt. Als er nämlich aus Nancy nach Paris zurückkehrt, erlebt er seine zweite *cristallisation*, in welcher Mme de Chasteller seine Gedanken dominiert:

> Mais bien plus céleste encore était l'image de madame de Chasteller, qui à chaque moment venait dominer sa vie. Ce mélange de raisonnements et d'amour fit cette fin de soirée, [...] un des soirs les plus heureux de sa vie. [...] Rentrer à la maison et être aimable pendant une conversation avec son père, c'était retomber de la façon le plus désagréable dans le monde réel et, il faut avoir le courage de le dire, dans un monde ennuyeux (LL 740).

Auf diese Weise erfahren auch Lucien und Bathilde nur kurze Momente des vollkommenen Glücks à la Stendhal, denn letztendlich wird auch ihre Liebesbeziehung durch eine Intrige zerstört. Dass Lucien dieser Hinterlist zum Opfer fällt, ist in seinem stetigen Drang nach Selbstkontrolle zu begründen, denn hätte er ein letztes Mal mit seiner Geliebten gesprochen, wäre das Missverständnis aufgedeckt worden. Demzufolge verhindern Stolz und Eitelkeit das Zusammenfinden der Liebenden, aber dennoch endet

---

[289] Francine Marill-Albérès: *Stendhal*, Paris 1970, 110.

Luciens „Jagd nach dem Glück" mit seiner Selbsterkenntnis, als er am Schluss von seiner Reise nach Paris zurückkehrt:

> Il s'arrêta deux jours, avec délices, sur le lac de Genève, et visita les lieux que la Nouvelle Héloïse a rendu célèbres ; […] À la sécheresse d'âme qui le gênait à Paris, […], avait succédé une mélancolie tendre. […] Cette tristesse ouvrit son âme au sentiment des arts (LL 770).

Lucien ist durch seinen *amour-passion* für das Schöne im Leben empfänglich geworden, sodass man mit Jaton abschließend sagen kann:

> […] et Lucien, après sa longue confrontation avec la grandeur et la misère du pouvoir, conclut à la supériorité infinie de l'amour-passion. La croisade amère dans l'univers de la Réalité ne porte le héros nulle part, sinon, par l'absence même de l'amour, à la reconnaissance de sa primauté absolue.[290]

3.3.2 Die *cristallisation* Luciens und Mme de Chastellers

Auf Seiten Luciens erwächst sein Interesse für Bathilde de Chasteller bekanntlich an jenem Tag seines Sturzes vor ihrem Fenster. Bereits beim ersten Anblick dieser Frau erfährt der Held eine *admiration*:

> Lucien se complaisait dans cette idée peu polie lorsqu'il vit la persienne vert perroquet s'entrouvrir un peu ; c'était une jeune femme blonde qui avait des cheveux magnifiques et l'air dédaigneux : elle venait voir défiler le régiment. Toutes les idées tristes de Lucien s'envolèrent à l'aspect de cette jolie figure : son âme en fut ranimée. […] Elle pouvait avoir vingt-quatre où vingt-cinq ans. Lucien trouva dans ses yeux une expression singulière (LL 61).

Allerdings ist, wie oben bereits gesagt wurde, nicht die Schönheit Bathildes, sondern Luciens *vanité blessée* der Grund, weswegen er Mme de Chasteller kennenlernen möchte. Außerdem würde es ihm sehr schmeicheln, der schönsten Frau Nancys zu gefallen, welche alle hübschen Herren des Adels umwerben und gerne zur Frau hätten (LL 68). Ein weiterer Ansporn ist seine Langeweile:

> […] mais il est temps d'avoir quelque chose à faire au milieu de ces salons. J'y meurs d'ennui, […]. « Pourquoi ne me proposerai-je pas, pour avoir un *but dans la vie*, comme dit mademoiselle Sylviane, de parvenir à passer quelques soirées avec cette jeune femme ? J'étais bien bon de penser à l'amour et de ne me faire des reproches ! Ce passe-temps ne m'empêchera pas d'être un homme estimable et de servir la patrie, si l'occasion s'en présente (Hervorhebung durch Stendhal) (LL 193).

Es wird deutlich, dass Luciens Absichten, Bathilde kennen zu lernen zunächst aus dem Bedürfnis nach Ablenkung und Anerkennung entstehen. Da der Held ohnehin der Liebe gegenüber ängstlich eingestellt ist, lässt er ernsthafte Gefühle keineswegs zu nah an sich herankommen, und seine Absichten stehen daher im Zeichen des *amour de vanité*. Daher ärgert er sich, dass die ersten Zusammentreffen mit Bathilde mit Sprechstörungen und Unbeholfenheit seinerseits verlaufen, und es ihm nicht gelingt, als Dandy aufzutre-

---

[290] Jaton (1983), 97.

ten: „Il fallait être impassible ; il fallait faire voir le contraire de ce qu'on s'attendait que je serais, comme dit mon père [...]." (LL 75)²⁹¹

Nach der ersten Phase der *admiration* überspringt Lucien die zweite Liebesphase, indem in ihm gleich die Hoffnung entsteht, Bathilde könnte ihn wegen seiner teuren Kleidung und Pferde schätzen. Auch wenn dies eigentlich nicht in Einklang mit seiner Selbstachtung zu bringen ist, denkt der Protagonist: „D'un autre côté, mes livrées si fraîches et mes chevaux anglais doivent me donner une demi noblesse auprès de cette âme de province [...]." (LL 192) Dass Lucien zeitweise immer noch von einem *amour de vanité* dominiert wird, macht die Tatsache deutlich, dass seine Gedanken nicht nur von Bathilde erfüllt sind, sondern mindestens zu gleichen Teilen deren Ex-Geliebten M. de Busant de Sicile gehören (LL 194). Dieser stammt nämlich aus den höchsten aristokratischen Kreisen, und somit würde sich Lucien zutiefst in seiner Eigenliebe gestärkt fühlen, wenn er dessen Nachfolger sein würde.

Ähnlich wie bei Julien ist also auch Luciens Liebe anfänglich von anderen Gefühlen überdeckt, nämlich seiner übertriebenen Eitelkeit. Gerlach-Nielsen betont, dass der Held bereits beim zweiten Treffen mit Mme de Chasteller in einer Kirche in die vierte Liebesphase „L'amour est né" übergeht, dies aber erst einige Wochen später bemerkt.²⁹² Bereits in der Kirche bewundert er Bathildes Natürlichkeit (LL 191) und wenig später heißt es im Text: „Il ne s'était pas aperçu que, depuis quinze jours à peu près qu'il l'avait vue à la messe, madame de Chasteller, qui pour lui, cependant, n'avait qu'une existence en quelque sorte idéale, avait changé de manières à son égard." (LL 198) Während Lucien Bathilde in der ersten Kristallisationsphase mit allerhand Vorzügen schmückt, folgt daraufhin die Phase des Zweifelns, und Lucien fragt sich: „Aurais-je la sottise d'être amoureux ?" (LL 199) Es reihen sich Selbstverachtung und ein Gefühl der Unterlegenheit gegenüber dem Ex-Geliebten Bathildes an, sodass Lucien sich in höchstem Maße entwürdigt fühlt:

> Le soupçon d'aimer l'avait pénétré de honte, il se sentit dégradé. Je serais donc comme Edgar, se dit-il. Il faut que j'aie l'âme naturellement bien petite et bien faible ! L'éducation a pu la soutenir quelque temps, mais le fond reparaît dans les occasions singulières et dans les positions imprévues (LL 199).

---

²⁹¹ Vgl. hierzu in AM die Folgen eines solchen linkischen Verhaltens: „L'âme tendre sait bien que dans le combat qui va commencer aussitôt que vous la verrez, la moindre négligence, le moindre manque d'attentation ou de courage sera puni par une défaite empoisonnant pour longtemps les rêveries de l'imagination, et hors de l'intérêt de la passion si l'on cherchait à s'y réfugier, humiliante pour l'amour-propre. On se dit : J'ai manqué d'esprit, j'ai manqué de courage ; mais l'on n'a du courage envers ce qu'on aime, qu'en l'aimant moins" (80).
²⁹² Gerlach-Nielsen (1965), 74.

Durch seine selbst auferlegte Vorsichtsmaßnahme, dem Gefühl der Liebe nicht erliegen zu dürfen, steht dieser Held jenem aus *Armance* nahe, welcher sich bekanntlich auch heftigste Selbstvorwürfe macht, als er seine „Pflichten" vernachlässigt. Ferner entspricht Lucien durch seine widersprüchlichen Gefühle, welche auf der einen Seite durch großes Glück und auf der anderen Seite durch Ängste und Zweifel charakterisiert sind, dem typischen Stendhalschen Liebenden: „Il aimait, sans doute avec l'envie de réussir, et cependant il était malheureux et prêt à mépriser sa maîtresse, précisément à cause de cette possibilité de réussir." (LL 201)[293] Auch die anfängliche Schüchternheit des Protagonisten folgt dem Stendhalschen Prinzip der *timidité*. Diese ist nicht nur der Beweis für einen *amour-passion*, sondern stattet den Liebenden mit einem luziden Bewusstsein aus, durch welches er sich ständig unterlegen fühlt und glaubt, sich lächerlich zu machen. Das Glück Luciens ist, dass er durch diese Schüchternheit das Interesse seiner Angebeteten weckt, welche - mit einem großen Schamgefühl ausgestattet - sich diesem somit überlegen fühlt:

> « Son amour-propre se rappelle sans doute, pensa-t-elle, que je l'ai vu tomber de cheval le jour de l'arrivée du régiment de lanciers. » Ainsi madame de Chasteller ne faisait aucune difficulté d'admettre que Lucien était timide à cause d'elle. Cette défiance de soi-même avait de la grâce dans un homme jeune et placé au milieu de tous ces provinciaux (LL 216).

Allerdings hält dieser Reiz nicht lange an, da Bathilde kurz darauf von Lucien gelangweilt und enttäuscht ist: „Mais après cette contredanse, elle décida que réellement il n'avait aucune distinction dans l'esprit, et elle cessa presque de penser à lui." (LL 217) Lucien macht diese Schüchternheit und insgesamt die Macht, welche die Liebe auf ihn ausübt, sehr zu schaffen, und er gerät in immer tiefere Verzweiflung:

> Ce républicain, cette homme d'action, qui aimait l'exercice du cheval comme une préparation au combat, n'avait jamais songé à l'amour que comme à un précipice dangereux et méprisé, où il était sûr de ne pas tomber. D'ailleurs, il croyait cette passion extrêmement rare (LL 202).

Mme de Chasteller hingegen ist erleichtert, dass ihre anfängliche Zuneigung für Lucien verflogen ist: „Et elle respira plus librement." (LL 217) Denn auch sie hat Respekt vor der Liebe und lebt sehr zurückgezogen, um sich selbst zu schützen. Wo Lucien also mit der Verzweiflung ringt, befindet Mme de Chasteller sich erst am Anfang der Liebesentstehung, bis sie dann eines Tages einige Worte an den Helden richtet, und dieser zu einem anderen Menschen wird: „Tout à coup il osa parler, et beaucoup. Il parlait de tout ce qui pouvait intéresser ou amuser la jolie femme qui, en donnant le bras à son grand

---

[293] Gerlach-Nielsen (1965), /4.

cousin, daignait l'écouter avec des yeux étonnés." (LL 219) Bathilde ist *étonnée*, aber bekommt Angst:

> D'abord madame de Chasteller fut étonnée et amusée du changement dont elle était témoin ; mais bientôt elle ne sourit plus, elle eût peur à son tour. [...] J'ai affaire à un de ces hommes adroits, aimables, et profondément dissimulés, que l'on voit dans les romans. Ils savent plaire, mais précisément parce qu'ils sont incapable d'aimer (LL 221).

Dennoch kann sie ihre Begeisterung für Julien nicht unterdrücken und befindet sich daher sehr schnell in der vierten Phase der Liebesgeburt:

> Mais je saurais bien rompre toute relation avec cet homme dangereux, habile comédien. Et, tout en faisant cette réflexion, tout en formant cette magnifique résolution, son cœur était déjà occupé de lui ; elle l'aimait déjà (LL 222).

Auch wenn sie Lucien für kurze Zeit als „être effrayant" (LL 224) ansieht, so ist ihre Freude wenig später umso größer, als dieser ihr gesteht, nur noch an sie denken zu können. In einem Gespräch wird sie dermaßen verlegen, dass „ses yeux mêmes rougirent" (LL 228), welches das Ausmaß ihrer Leidenschaft verdeutlicht. Im Traktat über die Liebe heißt es: „Même chez les femmes les plus réservées, les yeux rougissent au moment de l'espérance. La passion est si forte, le plaisir si vif qu'il se trahit par des signes frappants." (AM 34) Daraus resultiert ihr Liebesgeständnis: „J'aime comme vous" (LL 229), welches sie jedoch gleich wieder bereut, da sie es als Unvorsichtigkeit ihrerseits betrachtet. Sie ist der Meinung, sich in den Augen Luciens kompromittiert (LL 231) und ihr weibliches Schamgefühl verletzt zu haben (LL 234). Der Erzähler entschuldigt die Gedanken Bathildes wie folgt:

> On prie le lecteur de ne pas trouver trop ridicule madame de Chasteller ; elle n'avait aucune expérience des fausses démarches dans lesquelles peut entraîner un cœur aimant ; jamais elle n'avait éprouvé rien de semblable à ce qui venait de lui arriver pendant cette cruelle soirée (LL 231).[294]

Nicht nur Gerlach-Nielsen betont zu Recht, dass dem Liebespaar in *Lucien Leuwen* - ungleich aller anderen Paare der Stendhalschen Romane - keine äußeren Hindernisse entgegenstehen[295], auch Jaton ist der Meinung:

> La lutte entre la passion d'une part, la vanité, le républicanisme vécu comme sentiment, le soupçon, le silence et la pudeur d'autre part, constitue la véritable histoire de Lucien et de Bathilde. Mais les empêchements ne trouvent leur origine que dans le cœur, l'âme ou l'imagination des amants.[296]

Das heißt, dass der Realisation der Liebesbeziehung vor allem die Eigenliebe entgegensteht. Der Zweifel und die Ängste, welche den *amour-passion* laut Stendhal am Leben

---

[294] Hier wird deutlich, dass Mme de Chasteller der Figur Mme de Rênals sehr ähnlich ist. Beide werden als unerfahren und naiv hingestellt und haben zuvor noch keine wahre Liebe erfahren.
[295] Gerlach-Nielsen (1965), 76.
[296] Jaton (1983), 91.

erhalten, sind gegeben, dennoch kommt es immer wieder zu kränkenden Missverständnissen zwischen den Liebenden. So glaubt Mme de Chasteller, Lucien würde sie verachten, weil er ihr gegenüber einen *soupçon* geäußert, diesen aber nie ganz ausformuliert hat (LL 240). Lucien hingegen betrachtet Bathilde zwar als „être angélique" (LL 241), aber meint, diese spiele ihm nur etwas vor (LL 242) und traut sich daher nicht, sich ihr zu nähern. Außerdem denkt er aus seinem Minderwertigkeits-komplex heraus, Bathilde würde sich ohnehin niemals mit einem Unterleutnant abgeben (LL 243).
In diesem Hin und Her der Gefühle ist der Protagonist bald nicht mehr „maître de ses actions" (LL 244) und Mme de Chasteller wird von heftigem Fieber befallen. Als sich beide nach längerer Zeit auf einem Ball wieder treffen, heißt es über Bathilde: „Elle l'aimait à la folie en ce moment." (LL 251) Auch Lucien ist „hors de lui. Il ne comprenait rien à tout ce qui lui arrivait, pas plus aux sentiments qu'il voyait naître dans son cœur qu'aux actions des autres avec lui." (LL 252) Mit anderen Worten: Beide Liebenden durchleben wahrhafte *folies*, bis Mme de Chasteller in ihrer Not eine Krankheit vorspielt, um Lucien nicht mehr über den Weg laufen zu müssen. Dieser wiederum ist durch den Anblick einer Gesellschaftsdame, welche Bathilde zu ihrem Schutz eingestellt hat, dermaßen schockiert ist, dass er keine Liebe mehr spürt:

> La vue de cette figure atroce, de ce nez pointu avec des lunettes, semble avoir empoisonné mon âme. [...] – Non, madame, jamais depuis mon arrivée à Nancy je n'ai éprouvé ce que j'ai senti après la vision de cette monstre, mon cœur en a été glacé. [...] il m'a semblé que je n'avais plus d'amour (LL 290).[297]

Bathilde ist natürlich einerseits niedergeschmettert über diese Nachricht des Helden, aber andererseits kommt es durch diesen Zwischenfall zu einem aufrichtigen Gespräch zwischen den beiden, in welchem Lucien Bathilde gesteht, dass er erst an dem Tage zu leben begann, als er sie zum ersten Mal in der Rue de Pompe am Fenster sah (LL 294). Die Liebende ist „profondément touchée de cet air à la fois sincère et noble" (LL 294) und auch Luciens Liebe ist durch das Zusammentreffen wieder entfacht: „Leur bonheur de se trouver ensemble était intime et profond." (LL 295)
Der Protagonist beschließt daraufhin, seine Angebetete zu besuchen und fragt sich vor deren Haustür: „Mon Dieu ! est-ce que je vais encore cesser de l'aimer ?" (LL 303) Dies entspricht den Gedanken der siebten Liebesphase, in welcher dem Liebenden zwischen Verzweiflung und Seligkeit hin- und herschwankend[298] bewusst wird, dass allein diese Frau sein Glück in der Welt sein kann. Bathilde allerdings hat sich zwischenzeitlich aus

---
[297] Dies entspricht AM: „L'on rencontre, au milieu de la passion la plus violente et la plus contrariée, des moments où l'on croit tout à coup ne plus aimer" (61).
[298] Vgl. LL: „Son esprit se croyait fondé à mépriser madame de Chasteller, et son âme avait de nouvelles raisons chaque jour de l'adorer comme l'être le plus pur, le plus céleste" (254ff).

Selbstschutz dazu entschlossen, Lucien fortan auf Distanz zu halten, um ihre Liebe abflauen zu lassen. Aus *De l'Amour* wissen wir, dass eine einmal eingesetzte *cristallisation* nur selten rückgängig gemacht werden kann, und daher stellt sich auf Seiten Bathildes wenig später eine Eifersucht in bezug auf Mme d'Hocquincourt ein. Lucien verkehrt nämlich nach der Absage der Protagonistin des Öfteren im Salon Mme d'Hocquincourts und scheint sich mit dieser Dame offensichtlich gut zu verstehen (LL 328). Dass der Held aber während der Unterhaltungen und überhaupt während des gesamten *soirées* in Gedanken stets bei Bathilde ist, entgeht dieser in ihrer Angst, er könnte ihre Rivalin lieben. Lucien wird zum „objet unique de ses pensées" (LL 342), welches, wie zuvor im Zusammenhang mit Racine bereits erwähnt wurde, die Ausschließlichkeit ihrer Liebe hervorhebt. Aus ihrer Eifersucht heraus offenbart sie Lucien die wahren Gründe ihres Zurückziehens, und fortan sehen die Liebenden sich nun regelmäßig. Lucien erfährt „le plus beau moment de la vie" (LL 347), und für Bathilde bedeutet dieser Zustand ein „bonheur parfait" (LL 348). Das Paar „se parlaient de tout avec un sincérité parfaite" (LL 348), so wie es auch den anderen Liebespaaren Stendhals kurzzeitig gegönnt war. Aber ganz in Stendhalscher Manier ist auch dieses Glück nur von kurzer Dauer. Es folgt die Intrige des *faux accouchement*, woraufhin Lucien sich zutiefst verletzt fühlt und am Boden zerstört ist: „Non, se dit-il ; elle s'est moquée de moi comme d'un vrai blanc-bec que je suis. […] Mais, ma chère Bathilde, je ne puis donc plus t'aimer ? s'écriait-il tout à coup en fondant en larmes." (LL 378ff) Er bricht sofort nach Paris auf, ohne ein einziges Wort mit Bathilde gewechselt zu haben, denn dies erlaubt ihm seine gekränkte Eigenliebe in dieser Situation nicht. Er ist „dégoûté de soi-même et de la vie" (LL 392), aber „kristallisiert" dennoch in Paris weiter, sodass er sogar darüber nachdenkt, zurück nach Nancy zu gehen. Allerdings hält ihn wie so oft seine Eitelkeit von dieser Entscheidung ab:

> Mais ma façon d'être avec elle serait-elle la même ? Tôt ou tard, elle saurait la vérité ; je ne pourrait m'empêcher de la lui dire si elle me la demandait et là, comme il m'est arrivé plusieurs fois, *l'absence de vanité* me ferait mépriser comme un homme sans cœur. Serai-je tranquille avec le sentiment que si l'on me connaissait l'on me mépriserait, et surtout moi ne pouvant pas lui en faire confidence ? (Hervorhebung durch Stendhal) (LL 400).

Mme de Chasteller hingegen hat wie schon die ganze Zeit über mit ihrer extremen Angst zu kämpfen, Lucien sei ohnehin nicht in der Lage, wahre Liebe zu empfinden. Sie sieht in dessen überstürzter Abreise den Beweis dafür:

> Ne m'avoir rien dit, à moi qui l'aimais ! Ah ! cœurs parisiens ! politesse infinie et sentiment nul ! Je le croyais un peu différent des autres, je croyais voir qu'il y avait de la chaleur et de l'enthousiasme au fond de cette âme !... (LL 404)

Rousset spricht in seinem Aufsatz *Variations sur les distances : aimer de loin* von einer *proximité séparée* zwischen den Liebenden und stellt *Lucien Leuwen* diesbezüglich in die Tradition des Romans *La Princesse de Clèves*, in welcher die Protagonisten ebenfalls trotz leidenschaftlicher Liebe zueinander getrennt bleiben.[299]

Da der Schluss des Romans wie gesagt unvollendet geblieben ist, bleibt offen, ob die Liebenden jemals über ihre Ängste hinwegsehen und aufrichtig zu ihren Gefühlen stehen werden. Jaton meint bezüglich der Intrige und dessen Folgen:

> L'*Obstacle* que le héros surmonte est en réalité un malentendu, mais si jamais l'équivoque n'est dissipée, c'est parce que sa fonction consiste précisément à révéler la force de l'amour. Dans les deux plans rédigés par l'écrivain pour la fin de son ouvrage, l'éclaircissement ne devait avoir lieu qu'*après* le mariage des deux protagonistes, et le dépassement de l'ob[s]tacle signifiait encore plus clairement la toute puissance du sentiment. (Hervorhebung durch den Autor)[300]

---

[299] Jean Rousset: *Variation sur les distances : aimer de loin*, in: Le plus méconnu des romans de Stendhal « Lucien Leuwen », hrsg. von Ph. Berthier/ A. M. Bijaoui-Baron/ M. Crouzet/ A. M. Jaton/ A. M. Meininger/ M. Reid/ J. Rousset/ K. G. Mac Watters/ Ch. Weiand/ A. Zielonka, Paris 1983, 87.
[300] Jaton (1983), 98.

4 Schlussbemerkung

Der erste Teil der vorliegenden Studie beschäftigte sich mit einigen Stendhalschen Vorbildern, welche insbesondere für die Liebesauffassung des Autors bedeutsam sind. Dazu gehört auf der einen Seite der Tragödiendichter Racine, für dessen Ausschließlichkeit der Liebesleidenschaft Stendhal ganz offensichtlich große Bewunderung hegt und diese dementsprechend für die Konzeption seiner Romane übernimmt. Es konnte aufgezeigt werden, dass alle Hauptfiguren der im Hauptteil analysierten Werke von einer solchen Fixiertheit auf die geliebte Person charakterisiert sind, sodass der *amour-passion* bei beiden Autoren ganz klar eine Vorrangstellung gegenüber allen anderen Leidenschaften einnimmt. Dadurch, dass sich fortan Begeisterung und Leiden in der Liebesleidenschaft vereinen, ist die Passion positiv konnotiert, führt aber dennoch zu inneren Konflikten der Figuren. Von Mme de Lafayette in ihrer *Princesse de Clèves* weitergeführt, erreicht diese Problematik mit der Figur der *Princesse* ihren Höhepunkt. Zwischen *raison* und *passion* hin- und hergerissen, entscheidet sich die Protagonistin aufgrund der gesellschaftlichen Zwänge und gleichermaßen wegen ihres eigenen Seelenfriedens letztlich für den Verzicht auf die große Liebe, wodurch nicht nur der Widerspruch zwischen Schein und Sein in der Gesellschaft betont wird, sondern auch die unterschwelligen Kräfte des *amour-propre* angedeutet werden. Mit psychologischer Sorgfalt beschreibt die Autorin die Macht der Affekte auf den menschlichen Willen, was auch bei Stendhal in den Blickpunkt des Interesses rückt. Es konnten folglich in der Analyse von *Armance* deutliche Parallelen in der Charakterdarstellung und im Verlauf der Liebesentstehung aufgezeigt werden. Überhaupt werden die Stendhalschen Gestalten, wie wir sahen, von Antrieben wie Minderwertigkeitsgefühlen, Ehrgeiz, Eigenliebe, Eitelkeit, Machtwille und natürlich wahrer Liebe gesteuert, sodass der Romancier deutliche Affinitäten zum klassischen analytischen Roman aufweist. Zu Recht wurde dem Romancier daher auch immer wieder eine gewisse Nähe zu den französischen Moralisten, insbesondere La Rochefoucauld, nachgesagt, welchem auch Mme de Lafayette nahestand. Wir haben erfahren, dass insbesondere dieser Hauptvertreter der Moralisten eine Vorbildfunktion für Stendhals Schaffen eingeräumt werden kann, denn dieser beschäftigt sich in seinen Maximen vor allem mit dem Phänomen der Eigenliebe, welche auch in Stendhals Werken zum Tragen kommt. Der *amour-propre* wird von dem Maximenautor als unbestreitbare Macht hingestellt, welche über den menschlichen Willen und Verstand herrscht, sodass der Mensch letztlich als fremdbestimmtes Wesen dasteht. Auch Octave, Julien, Mathilde und Lucien werden streckenweise von ihrem *amour-propre* dominiert, welcher aber im Stendhalschen Werk nicht durchweg negativ bewertet wird, sondern durchaus zu energischen Taten antreibt und somit die Entwicklung der Helden und Heldinnen fördert. Da es letztlich doch immer der *amour-passion* ist, welcher den größten Platz in ihrem Inneren einnimmt, wird diesem der Vorzug gegenüber den anderen Liebesformen gewährt, und er ist demnach laut Stendhal die einzig authentische Liebesart: „L'amour est la seule passion qui se paye d'une monnaie qu'elle fabrique elle-même." (AM 293)

Zu der teilweise positiven Einschätzung Stendhals des *amour-propre* haben ferner Vauvenargues sowie Helvétius beigetragen, denn beide sehen in jeglichen leidenschaftlichen Taten die Energie, welche zu Kreativität führt und sind daher beide übereinstimmend der Meinung, dass auch eigennützige Interessen zu nützlichem Handeln anspornen können. Bezüglich Helvétius' Theorien hat sich Stendhal außerdem von der Bedeutung inspirieren lassen, welche dieser dem *plaisir* beimisst. Solange der Mensch diesem folgt und dabei nicht dem Gemeinwohl der Menschen schadet, sieht der Sensualist darin nichts Verwerfliches, sondern ist der Meinung, dass solche Taten den menschlichen Geist bereichern. Dadurch nämlich, dass der Mensch seine Ziele verfolgt und seinen Wünschen und Begierden nachkommt, kann er seine Überlegenheit zum Ausdruck bringen und wird somit zum *esprit supérieur*. Wir haben gesehen, dass Stendhal dieser Vorstellung vom Ausnahmemenschen Folge leistet, und alle hier behandelten Figuren als *hommes et femmes supérieurs* hingestellt werden konnten.

Letztlich rückte im ersten Teil der Untersuchung noch die von Stendhal eigens entworfene Studie *De l'Amour* ins Zentrum des Interesses, in welcher der Autor verschiedene Liebesarten aufzeigt. Neben dem *amour-passion* entwirft er drei weitere so genannnte „Pseudolieben", unter anderem den *amour de vanité*, in welchem die Eigenliebe vorherrscht. Überdies widmet er sich dem Thema der Liebesgeburt, welche er, wie der zweite Teil der vorliegenden Studie gezeigt hat, später in romanesker Form weiterführt. Es konnte deutlich gemacht werden, dass die aufgestellten Theorien sich in den Romanen wiederfinden, wenn auch nicht eins zu eins übernommen. Die Stendhalschen Protagonisten offenbaren sich nämlich als vielschichtige Charaktere, welche in verschiedenen Entwicklungsphasen auch unterschiedliche Liebesarten verkörpern, wodurch das komplexe Wesen der Stendhalschen Liebe betont wird.

Die Darstellung des Hauptteils hat gezeigt, dass die Stendhalschen Protagonisten allesamt in der eigenen Gegenwart des Autors verankert und ohne den zeitgeschichtlichen Hintergrund nur unzureichend zu verstehen sind. Das ist bekanntlich der Grund dafür, warum Stendhal neben Honoré de Balzac und Gustave Flaubert als Begründer des realistischen Romans angesehen wird. Allerdings hat die Ausführung über die Stendhalsche Spiegelmetapher deutlich gemacht, dass es Stendhal nicht allein um die Beschreibung der Wirklichkeit geht, sondern, dass insbesondere die Imagination und die Darstellung der Leidenschaften einen hohen Rang in seinem Schaffen einnehmen. Demzufolge geht es dem Romancier vor allem darum, das menschliche Herz zu analysieren und nicht die Wirklichkeit abzumalen. Eine große Rolle spielt in diesem Unterfangen zudem der Zufall, denn alle drei Paare der untersuchten Romane stoßen, wie wir wissen, *zufällig* aufeinander, woraufhin die einzelnen Daseine jeweils eine Wende erfahren.

Die Figurenanalyse hat ergeben, dass Octave de Malivert und Lucien Leuwen als „leidenschaftslos" in die Handlung eingeführt werden, da anfangs noch keine *passion* in ihrem Inneren vorherrscht. Auch wenn bei Ersterem das exzessive Auferlegen von Pflichten bezüglich seiner Lebensführung, insbesondere seines Liebeslebens, sein Dasein bestimmt und beinahe in die Nähe einer Passion rückt, und bei Letzterem hingegen die *vanité* einen großen Einfluss auf sein Denken und Handeln hat, so werden sie jedoch erst mit ihrem aufkeimenden *amour-passion* zu leidenschaftlichen Wesen. Auch wenn fortan diese Liebe ihre vorrangige Leidenschaft darstellt, so konnte dennoch gezeigt werden, dass sich einerseits durch die physiologische *impuissance* Octaves und andererseits durch die ungemeine Sensibilität Luciens immer wieder ihr *amour-propre* bemerkbar macht und an ihren Entscheidungen teilhat. Octave entscheidet sich demzufolge bewusst für den Selbstmord, weil ihn ein Auffliegen seiner Impotenz zu sehr in seiner Eigenliebe kränken würde. Trotz allem verschafft ihm sein *amour-passion* kurze Momente größten Glücks, welche laut Stendhal von größerer Intensität sind, als es eine langjährige Liebe jemals sein könnte. Bezüglich seiner Geliebten Armance hat sich gezeigt, dass diese in Analogie zu Octave Seelengröße besitzt und ihr empfundener *amour-passion* teilweise von ihrer Angst gehemmt wird, aufgrund ihrer Armut in der Gesellschaft degradiert zu werden.

Auch Lucien, welcher sich in der Gesellschaft vollkommen entfremdet fühlt, erlebt durch seinen *amour-passion* neue Lebenslust, aber kann sich aus Angst des Scheiterns nie ganz öffnen. Zwar erlebt auch er den Stendhalschen *bonheur*, jedoch nur bis zu dem Tage einer Intrige, welche ihn vor seiner Geliebten flüchten lässt. Welchen Schluss Stendhal für den unvollendeten Roman vorgesehen hatte, bleibt offen. So wie uns das Werk vorliegt, wurde jedoch festgehalten, dass Lucien trotz seines Empfindens einer wahren Liebe und der daraus resultierenden Selbsterkenntnis seine Eitelkeit nie ganz überwindet, und seine Liebe zu Mme de Chasteller daher durch eine *proximité séparée* gekennzeichnet ist.

Hinsichtlich des Helden des Hauptwerkes konnte die Feststellung gemacht werden, dass dieser der leidenschaftlichste der drei hier behandelten Protagonisten ist, da er von vornherein einen immensen Ehrgeiz besitzt. Seinen Ursprung findet dieser, wie wir sahen, in der niederen Geburt Juliens, gekoppelt mit seiner geistigen Überlegenheit gegenüber seinen Mitmenschen, sodass daraus der Drang ensteht, dieser Mittelmäßigkeit zu entfliehen. Es wurde aufgezeigt, dass Julien durch mehrere Zufälle in bestimmte Situationen gelangt, in welchen er durch sein intelligentes Wesen positiv auffällt und auf diese Weise die Karriereleiter immer weiter hinaufsteigt. Trotz allem quälen ihn permanent seine Minderwertigkeitskomplexe, welche er stets zu verstecken versucht, um nicht gedemütigt zu werden. Hier deutet sich die Nähe zu La Bruyères Moralistik an, denn dieser geht, wie wir hörten, von Charakter deformierenden Einflüssen des Milieus aus. Allerdings bricht Julien aus seinem herkömmlichen Lebensraum aus, womit Stendhal die Chance einer Veränderung als möglich hinstellt.

Es wurde herausgearbeitet, dass der Protagonist im gesamten Handlungsverlauf von seiner Eigenliebe angetrieben wird, sodass seine Liebe zu Mme de Rênal zunächst von Ehrgeiz überlagert wird, und ihm diese Frau in seinem Klassenkampf lediglich als Waffe dient. Wir erfuhren, dass die Protagonistin hingegen von Anfang an den von Stendhal priviligierten *amour-passion* verkörpert und in dieser Hinsicht als Ideal aus dem Roman hervorgeht. Die zweite Frauengestalt, auf welche Julien trifft, bildet eine genaue Antithese zu Ersterer, denn sie repräsentiert den *amour de vanité*. Es handelt sich bei ihrer Liebe lediglich um einen eingebildeten *amour-passion*, denn dieser beruht, wie wir sahen, auf nichts anderem als ihrem Stolz und dem Schmeicheln ihrer Eigenliebe. Demnach ist ihre Beziehung zu Julien sehr konfliktreich und vom Stendhalschen Hin und Her der Gefühle geprägt, denn auch dieser vertritt in seiner Entwicklungsphase im Hause de La Mole bekanntlich einen *amour de vanité*, sodass es zwischen beiden Figuren in einem regelrechten Machtkampf endet. Wenn Julien zum Schluss doch zu sich selbst zurück findet und seinen *amour-passion* für Mme de Rênal erkennt, geht er als Liebender im Sinne eines Werthers aus dem Roman hervor, und sein zuvor praktizierter Don Juanismus wird als Fehltritt hingestellt. Somit kann man letztlich mit Clément Egger zusammenfassen: „La passion qui oriente et détermine la vie des héros est toujours la même: L'amour."[301]

---

[301] Egger (1993), 127.

5 Literaturverzeichnis

Primärliteratur

Werke Stendhals

Stendhal: *Armance*, Éditions Gallimard 1975

Stendhal: *Armance. Mit einem Nachwort von André Gide*, Büchergilde Gutenberg, Frankfurt am Main 1966

Stendhal: *De l'Amour*, Garnier- Flammarion, Paris 1965

Stendhal: *Über die Liebe*, hrsg. als Diogenes Taschenbuch, München 1981, Deutsch von Franz Hessel und mit einer Anmerkung von Franz Blei

Stendhal: *Le Rouge et le Noir. Chronique du XIXe Siècle*, Éditions Gallimard 2000

Stendhal: *Lucien Leuwen*, Éditions Gallimard 2002

Stendhal: *Racine et Shakespeare*, Paris Le Divan, Liechtenstein 1968

Stendhal: *Gesammelte Werke in Einzelbänden*, hrsg. von Manfred Naumann, Berlin 1977

Stendhal (Henri Beyle): *Werke*, hrsg. von Carsten Peter Thiede/Ernest Abravanel/ Bernard Frank/ Ursula Mathis/Kurt Wais, Berlin 1980

Werke anderer Autoren

Helvétius: *De l'Esprit (Tome I-IV)*, Paris 1885

La Bruyère, Jean de: *Aphorismen. Ausgewählt und übersetzt von Günther Schuckmann. Mit einer Einleitung „Zur französischen Moralistik" von Jürgen von Stackelberg*, Göttingen 1968

La Rochefoucauld: *Œuvres complètes* (Bibliothèque de la Pléiade), hrsg. von Louis Martin-Chauffier u. Jean Marchand, Paris 1964

Mme de Lafayette: *La Princesse de Clèves*, Librairie Générale Française 1999

Vauvenargues: *Œuvres Complètes. Préface et notes de Henry Bonnier*, Paris 1968

Sekundärliteratur

Acke, Daniel: *Vauvenargues Moraliste. La synthèse impossible de l'idée de nature et de la pensée de la diversité*, Hallstadt (1993)

Alciatore, J. C.: *Stendhal et Helvétius. Les sources de la philosophie de Stendhal*, Genf 1952

Alter, Robert: *Stendhal. Eine Biographie*, Ullstein 1985

Ansmann, Liane: *La Rochefoucauld und die Tradition der Affektenlehre*, Kiel 1969

Auerbach, Erich: *Mimesis. Dargestellte Wirklichkeit in der abendländischen Literatur*, Bern 1946

Auerbach, Erich: *Passio als Leidenschaft*, in: Erich Auerbach: *Gesammelte Aufsätze zur romanischen Philologie*, Bern 1967

Bender, Karl-Heinz: *Realität und Roman. Die französische Restaurationsgesellschaft in Stendhals Le Rouge et le Noir*, in: *Zeitschrift für französische Sprache und Literatur 85*, 1975

Berthier, Ph./ Bijaoui-Baron, A. M./ Crouzet, M./ Jaton, A. M./ Meininger, A. M./ Reid, M./ Rousset, J./ Mac Watters, K. G./ Weiand, Ch./ Zielonka, A.: *Le plus méconnu des romans de Stendhal « Lucien Leuwen »*, Paris 1983

Bardèche, Maurice: *Stendhal Romancier*, Paris 1949

Davray, Jean: *Notre Stendhal*, Paris 1949

Dethloff, Uwe: *Französischer Realismus. Sammlung Metzler*, Stuttgart 1997

Egger, Clément: *Stendhal. Biographie, Étude de l'œuvre*, Éditions Albin Michel S.A., 1993

Friedrich, Hugo: *Drei Klassiker des französischen Romans. Stendhal, Balzac, Flaubert*, Frankfurt am Main, 1980

Galle, Roland: *Geständnis und Subjektivität. Untersuchungen zum französischen Roman zwischen Klassik und Romantik*, München 1986

Gerlach-Nielsen, Merete: *Stendhal- Théoricien et Romancier de l'Amour*, Kopenhagen 1965

Grimm, Jürgen (Hrsg.): *Französische Literaturgeschichte*, Stuttgart 1999

Grün, Ruth: *« Hommes-Copies », « Dandies » und « Fausses Passions ». Ein Beitrag zu Stendhals Kritik an der Gesellschaft*, Paris 1967

Heitmann, Klaus: *Der französische Realismus von Stendhal bis Flaubert*, hrsg. von Leo Pollmann, Wiesbaden 1979

Klein, Christine / Lidsky, Paul: *Stendhal. Le Rouge et le Noir*, Paris 1971

Köhler, Erich: *Madame de Lafayettes „La Princesse de Clèves". Studien zur Form des klassischen Romans*, Hamburg 1959

Köhler, Erich: *Vorlesungen zur Geschichte der französischen Literatur*, hrsg. von Henning Krauss u. Dietmar Rieger, Stuttgart 1987

Kruse, Margot: *Die französischen Moralisten des 17. Jahrhunderts*, in: *Neues Handbuch der Literaturwissenschaft*, hrsg. von Klaus von See, Band 10

Lemke, Jasmin: *Selbstthematisierung im Spiegel des Fremden. Nord-Süd-Antagonismus bei Stendhal*, Frankfurt am Main 2007

Litto, Victor del: *La vie intellectuelle de Stendhal. Genèse et évolution de ses idées (1802-1821)*, Genève 1997

Marill-Albérès, Francine: *Le Naturel chez Stendhal*, Paris 1956

Marill-Albérès Francine: *Stendhal*, Paris 1970

Matzat, Wolfgang: *„Affektpräsentationen im klassischen Diskurs – 'La Princesse de Clèves'"*, in: *Französische Klassik*, hrsg. von Fritz Nies/ Karlheinz Stierle, München 1985

Matzat, Wolfang: *Diskursgeschichte der Leidenschaft: Zur Affektmodellierung im französischen Roman von Rousseau bis Balzac*, Tübingen 1990

Meier, Franziska: *Leben im Zitat. Zur Modernität der Romane Stendhals*, Tübingen 1993

Nerlich, Michael: *Stendhal mit Selbstzeugnissen und Bilddokumenten*, Hamburg 1993

Rabow, Hans: *Romanische Studien. Die zehn Schaffensjahre des Vauvenargues 1737-1747 dargestellt auf Grund seiner brieflichen und aphoristischen Äußerungen*, Berlin 1932

Roth, Oskar: *Die Gesellschaft der ‚Honnêtes Gens' – Zur sozialethischen Grundlage des ‚honnêteté'-Ideals bei La Rochefoucauld*, Heidelberg 1981

Schalk, Fritz: *Die französischen Moralisten. La Rochefoucauld, Vauvenargues, Montesquieu, Chamfort*, Bremen 1980

Schmid, Ursula: *Zur Konzeption des « homme supérieur » bei Stendhal und Balzac – Mit einem Ausblick auf Alexandre Dumas père*, Frankfurt am Main 1991

Schneider, Margot: *„Amour-passion" in der Literatur des 17. Jahrhunderts, insbesondere im Werk Mme de Lafayettes*, Frankfurt am Main, 1983

Schulz-Buschhaus, Ulrich: *Stendhal, Balzac, Flaubert*, in: *Französische Literatur in Einzeldarstellungen*, Band 2, *Von Stendhal bis Zola*, hrsg. von P. Brockmeier u. H. Wetzel, Stuttgart, 1982

Stackelberg, Jürgen von: *Französische Moralistik im europäischen Kontext*, Darmstadt 1982

Steland, Dieter: *Moralistik und Erzählkunst. Von La Rochefoucauld und Mme de Lafayette bis Marivaux*, München 1985

Stierle, Karlheinz: *Die Modernität der französischen Klassik. Negative Anthropologie und funktionaler Stil*, in: *Französische Klassik. Theorie, Literatur, Malerei*, hrsg. von Fritz Nies/Karlheinz Stierle, München 1985

Warning, Rainer: *Mimesis als Mimikry: Die ‚Realisten' vor dem Spiegel*, in: Rainer Warning: *Die Phantasie der Realisten*, München 1999

Wendt-Adelhoefer, Andrea: *Stendhal und die Klassik*, Frankfurt am Main, 1995

Wendt-Adelhoefer, Andrea: *Zum Umgang mit Szenenbildern aus dem Theater Racines*, in: *Stendhal. Image et texte /Text und Bild*, hrsg. von Sybil Dümchen und Michael Nerlich, Tübingen 1994

Zaiser, Rainer: *Stendhals Poetik der Ambivalenz: Zur Konstituierung einer Erzählfigur der nachromantischen Moderne*, Köln 2002, in: *Romanistisches Jahrbuch 53*, Berlin 2003